本雅明论媒介

康在镐（Jaeho Kang）著

孙一洲 译

传播与中国译丛——媒介道说系列

黄旦 孙玮 主编

Walter Benjamin and the Media

中国传媒大学出版社
·北京·

谨以本书献给

我的母亲柳静姬(Junghee Ryu)和父亲康基寿(Kisoo Kang)

目　录

- "媒介道说"序 / *1*
- 中译本序 / *15*
- 译者序 / *19*
- 缩　写 / *27*
- 致　谢 / *29*

- 第一章　本雅明简介 / *001*
  　　　　此时此地，彼时彼地 / 001
  　　　　本雅明肖像 / 005
  　　　　重构本雅明 / 015
  　　　　章节概览 / 021

- 第二章　传播的危机与信息产业 / *023*
  　　　　导　论 / 023
  　　　　讲故事和小说的危机 / 025
  　　　　报纸与信息产业 / 035
  　　　　大众传媒时代的知识分子 / 046
  　　　　结　论 / 057

- 第三章　**无线电广播和媒介化的讲故事 / 067**
  导　论 / 067
  向着一种听众的批判社会学 / 070
  无线电广播模型 / 075
  媒介教育的一些主题 / 086
  结　论 / 098

- 第四章　**技术复制时代的艺术和政治 / 105**
  导　论 / 105
  摄影复制性 / 107
  分心的媒介文化 / 120
  媒介与民主 / 131
  结　论 / 148

- 第五章　**媒介之城——阅读《拱廊街计划》/ 155**
  导　论 / 155
  现代性的幻象 / 158
  媒介景观与都市空间 / 172
  媒介批评家的触觉 / 196
  结　论 / 200

- **结　论　本雅明媒介批判的现实性 / 211**
  　　批判理论与文化工业 / 211
  　　批判媒介理论与公共领域 / 213
  　　媒介银河中的技术复制 / 214
  　　幻象、拟像与景观 / 217
  　　今日的媒介批判 / 220

- **拓展阅读 / 223**
- **索　引 / 231**

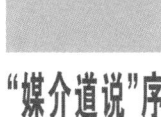

"媒介道说"序

辨音闻道识媒介

黄 旦

从一个故事说起。

以《闲情偶寄》立名于中国文学史的李渔,写有一部小说,名《十二楼》。内中有《夏宜楼》一卷,说的是一瞿姓相公,"亏得一件东西替他做了眼目","微光一隙仅如丝,能使瞳人生翅",偷窥到居于夏宜楼的詹姓小姐之美貌,心生莫名爱意。于是他灵机一动,将远望高探而得的楼内女方动静,借助媒人之口,一一说与詹小姐听,以示天生有缘,唬得这位小姐毛骨悚然。门禁之内的夏宜楼,男女有别,旁人不能随便进出,其动静连自家人都未必尽知,偏一个外人竟一清二楚。詹小姐百思不得其解,疑非得神助不能,遂"把个肉身男子"就当成了"蜕骨神仙"。"这等看起来,竟是个真仙无疑了!丢了仙人不嫁,还嫁谁来!"詹小姐也不是没有担心,"神仙"是否有"真形实像","不要等我许亲之后他又飞上天去,叫人没处寻他"。到了新婚夜,詹小姐初近新郎,战战兢兢,"还是一团畏敬之意,说他是个神仙,不敢十分亵狎",至半夜却发现其"欲心太重,道气全无",根本就是凡夫俗子一个。她狐疑中追究缘由,"件件查问到底",才知此桩美事功德,全得力于一个"法宝"——千里镜。瞿相公偶尔从市场购得此物,在高山寺租得一间僧房,遍扫各处房屋。之前种种,正是这双"千里眼"居高临下所功。让人想不到的是,知道真相后的詹家小姐,惊诧之余,并未显上当受骗之恼怒,反正色道:"这些情节虽是人谋,也原有几分天意,不要十分说假了。"第二天恭恭敬敬就把这件"法宝"供在了夏宜楼,做了家堂香火,夫妻二人不时礼拜。

在我看来,这就是一个媒介道说的故事。

媒介,是英文 media 的汉语译词。英文的 media,源自拉丁文 medium,意指中间。medium 一词大致有三种意涵:第一,比较古旧且运用普遍的意涵,指的是"中介机构"或"中间物"。这个意涵源于一个特别的物理或哲学的观念:一种感官(或一种思想)要去体验(或表现)必须有一个中间物。第二,着重落在技术层面,例如将声音、视觉、印刷视为不同媒介(media)。第三,专指资本主义。在这层意涵里,报纸或广播事业被视为另外事物(如广告)的一个媒介。^①也有学者为此勾勒出一条变化的线索:古典拉丁文 medium 指的是某种中间的实体或状态,但在古典之后的拉丁文以及 12 世纪之后的不列颠资料中,媒介则指从事某事的方式。一方面,媒介可以视为一种偶然性的存在,它使得现实世界中的诸多现象相互关联,或将现实世界与可能性世界相互关联。另一方面,从现代意义上来看,媒介是一类特殊资源。直到 1960 年,媒介才成为一个术语,描述实现跨时空社会交往的不同技术与机构,并因此受到特定学术领域的关注和研究。[②]中国的古汉语,只有"媒"字,并无"媒介"一词。按《说文解字》中的解释,"媒即谋也,谋合二姓者也"。"谋合二姓",不仅"媒"(谋)的位置居间,而且是介入——撮合二姓的第三者。由此可见,media 或"媒",就其本义及其谱系,主要意为居中(中介机构或中间物)位置及交接转化(从事某事的方式),重点是中介行为。[③]按我的说法,媒介是有"媒"有"介",是连接、触发与转变的不断运作,是媒—介的互动和呼应。通俗地讲,就是一场"交易"[④]。故凡是媒介,必是从关系着眼,否则就是技术或物件。媒介

---

① 威廉斯.关键词:文化与社会的词汇[M].刘建基,译.北京:生活·读书·新知三联书店,2005:299-300.
② 延森.媒介融合:网络传播、大众传播和人际传播的三重维度[M].刘君,译.上海:复旦大学出版社,2012:59-60.
③ 德布雷.媒介学引论[M].刘文玲,译.北京:中国传媒大学出版社,2014:10.
④ 德布雷.媒介学引论[M].刘文玲,译.北京:中国传媒大学出版社,2014:76.

学就是研究关系方面的东西而不是物体。① 之所以习惯于将某种技术和机构(比如报纸)命名为媒介,在于预先已设定其为"实现跨时空社会交往"。

夏宜楼"有绿槐遮蔽,垂柳相遭,自清早以至黄昏,不漏一丝日色",如此幽密荫深之所,却被"微光一隙仅如丝"的千里镜穿破,从而引出这一实体空间,与高山寺的瞿生照面。高山寓意宽广、挺拔和敞亮,乃为"夏"之意象;夏宜楼,则是三面环水柔软清凉,为避暑之胜,故有"宜"之谓。一阳一阴,偏因"千里镜"相遇而碰撞交汇融合,孕育出新的关系和生活。千里姻缘一镜牵,夏"宜"楼化成了宜"夏"楼。千里镜就是千里"媒"!"传媒与工具和机器不同,工具和机器是我们用来提升劳动效率的器具,而技术的传媒却是一种我们用来生产人工世界的装置,它开启了我们的新的经验和实践的方式,而没有这个装置,这个世界对我们来说是不可通达的。"②千里镜是如此,贵州的中国"天眼"——FAST望远镜也是如此,无人不知的报纸、广播、电视等,均因此而成其为"媒介"。

媒介以它特有的方式解蔽现实并将之带到我们面前,这是一种中介了的现实。"想独上高楼读一遍《罗马

---

① 德布雷.媒介学引论[M].刘文玲,译.北京:中国传媒大学出版社,2014:73.
② 克莱默尔.传媒、计算机和实在性之间有何关系?[M]//克莱默尔.传媒、计算机、实在性——真实性表象和新传媒.孙和平,译.北京:中国社会科学出版社,2008:7-8.

衰亡史》,忽有罗马灭亡星出现在报上"(卞之琳,《距离的组织》),从而导致场景重新组合和分化交叉,引入一种并不依赖于固定地点的新场景,新的角色行为模式就在新的社会场景中诞生。① 媒介抵达之处,既是世界所在之"界",同时也是"新世界"敞开之时。"计算机界所说的实时、媒体界所说的'现场'等效应都深刻地——同时也可能在根本上——改变了事件化的原义,改变了时间和空间的存在"②,由此也就改变了人的存在。人体在感知比率变化中既延伸又自我截除,在一伸一缩中调适与外界的关系尺度。③ "媒介就是认识论","任何认识论都是某个媒介发展阶段的认识论"④。所谓"媒介环境",所谓"媒介环境学",或者梅罗维茨认定的"新场景",应该是在这样的意义上来理解的。这是超越了自然、社会和人,同时又使之重新联结并组合的第三种环境。⑤ 夏宜楼的故事,已经让我们充分领略到这一点。自从"千里镜"登堂入室,它的内外格局和关系结构就已千疮百孔,不再是原

---

① 梅罗维茨.消失的地域:电子媒介对媒介行为的影响[M].肖志军,译.北京:清华大学出版社,2002.
② 斯蒂格勒.技术与时间:爱比米修斯的过失[M].裴程,译.南京:译林出版社,2012:18.
③ 麦克卢汉.理解媒介——论人的延伸[M].何道宽,译.北京:商务印书馆,2000.
④ 波兹曼.娱乐至死[M].章艳,译.桂林:广西师范大学出版社,2004:30.
⑤ 斯蒂格勒.技术与时间:爱比米修斯的过失[M].裴程,译.南京:译林出版社,2012:90.

来的夏宜楼,哪怕看上去景色依旧。新婚之夜的詹小姐,面对瞿生的全盘托出,不能不信又不愿完全接受。所谓的"不要十分说假了",实则是不能十分说假罢了。幻想的破灭,也就是现实的毁灭。顺着既有真真假假(真实与虚拟)的逻辑,是唯一的出路。这正说明夏宜楼回不到从前也不可能再回到从前。"千里镜"被奉为"法宝","做了家堂香火",活生生地演绎了"媒介道说"中的"道成肉身"。此后的夏宜楼不能不在"法宝"的不时礼拜中存在,并讲述其以往和未来。或许在库尔德利看来,这不过是人通过媒介做什么或是在做什么与媒介相关的事,[①]然而,人的此种"做"必是与媒介的设定及其刺激、推动断不开的。"通过媒介做什么"和"做什么与媒介相关的事",首要的必是与"什么媒介"有关。看报纸和看电视就不是一回事,否则戴扬和卡茨也就用不着专拿电视来演说"媒介事件"[②]。媒介"并不简单地传递信息,它发展了一种作用力,这种作用力决定了我们的思维、感知、经验、记忆和交往的模式"[③]。

[①] 库尔德利.媒介、社会与世界[M].何道宽,译.上海:复旦大学出版社,2014:41.
[②] 戴扬,卡茨.媒介事件[M].麻争旗,译.北京:北京广播学院出版社,2000.
[③] 克莱默尔.传媒、计算机和实在性之间有何关系?[M]//克莱默尔.传媒、计算机、实在性——真实性表象和新传媒.孙和平,译.北京:中国社会科学出版社,2008:5.

"媒介的魔力在人们接触媒介的瞬间就会产生"①,这"魔力"即是媒介作为一种"装置将诸要素聚集在一起的某种生成",是诸要素"安排、组织、装配在一起的"创生过程。② 媒介不仅仅只是"处于中间位置的",它对通过中间项的两者起作用。它要在不可逆转的过程中创造出一个模型,超越所有的企图。③ 瞿生的隔空远扫,媒人的巧舌如簧,口信和诗文的情意脉脉,詹小姐的懵懂好奇,夏宜楼的特定空间,詹父的势利专横,詹家在朝为官的儿子,其他的求婚者,等等,一干人事全因"千里镜"的介入而现形,环连成网,各自激发,"每一种元素都有助于界定其他元素,每一种元素都为信息在系统中流动做出贡献"④,构成了特殊的传播事件——这段奇异之婚姻并重构了夏宜楼。"生成"不是融合、不是共存,而是一种转化,各自在媒—介中成其所是,形成一种全新的生态。媒介也在这种"活生生的力量漩涡"⑤中,敞开和绽放自身。李渔的"夏宜楼"实就是"千里镜"化的世界。试想,若不是"千里镜"而是电话(据研究,19世纪晚期美国电话使用的增加,

---

① 麦克卢汉.理解媒介——论人的延伸[M].何道宽,译.北京:商务印书馆,2000:42.
② 德勒兹:关键概念:第2版[M].田延,译.重庆:重庆大学出版社,2018:91.
③ 德布雷.媒介学引论[M].刘文玲,译.北京:中国传媒大学出版社,2014:125.
④ 海勒.我们何以成为后人类:文学、信息科学和控制论中的虚拟身体[M].刘宇清,译.北京:北京大学出版社,2017:34.
⑤ 麦克卢汉.麦克卢汉序言[M]//哈罗德·伊尼斯.帝国与传播.何道宽,译.北京:中国人民大学出版社,2003.

由于交流和声音接触的便利,的确促进了情爱事情的发生①),其所引发的"魔力"就不同,至少天上掉不下这位瞿哥哥。夏宜楼的整个过程、所有关系及其情节戏码都得推倒重来。所以,媒介——就是媒—介的召唤和应答——就是媒介道说:"让我们通向那个由于与我们相关而伸向我们的东西","让我们进入与我们相关或传唤我们的东西"。媒介"就是在如此这般允诺着的道说中显示自身本质"②。本译丛定名为"媒介道说",就是得自如是的启示。

《约翰福音》的"太初有道",亦可称"太初有言"。故"道"即"道说"(logos),又译为"逻各斯",在西方文化思想中有着重要影响。称"logos"为"道说",就为表明前者作为一个语言符号自身的内在力量与功能。③ 据研究者,"logos"——道说,与老子的"道"类似,是话语,也是道理之理或道本身,④由此与中国文化和思维方式有了几分亲近。海德格尔把"道说"视为语言本质,是语言的语言。"道说"是把作为语言的语言带向语言,使人通达语言之大道。"道说"即语言本质显身,人们是"在说话(作为顺

---

① MARVIN, C. When old technologies were new[M]. NY: Oxford University Press, 1988.
② 海德格尔. 在通向语言的途中[M]. 孙周兴,译. 北京:商务印书馆,2005: 190,255.
③ 芮欣. 道说:从逻各斯到倾空[M]. 北京:北京大学出版社,2013:11.
④ 陈嘉映. 海德格尔哲学概论[M]. 北京:生活·读书·新知三联书店,1995:298.

从语言的听)中","跟随被听的道说来道说"的,所以是"语言说话"①。

如果把海德格尔的"道说"与人的存在关系之特殊意义(语言是存在之区域,存在之圣殿,存在之家②,所以技术就成为"座架")暂且放在一边,仅从他开启语言"本源"或"本质"的"道说"之思,或者以"道说"作为"道理之理",亦即"作为一个语言符号自身的内在力量与功能"之意,译丛名为"媒介道说",就是想破解传播学中将媒介仅仅视为器具、工具的固有思维。"器具是被有用性和需用性规定了的,所以,器具就把它由之据以形成的质料纳入了自己的有用性中"③,最终留下的是用处、是效应,媒介却消失不见。由此我们希望读者从一个新的、立足媒介自身内在力量的——海德格尔所提示的"一件东西从何而来,通过什么它成为一件东西,这件东西是什么,它如何是"④这一存在"本源"亦即"道说"的角度出发,来阅读这套译丛。有新视角,才会发现新亮光。读书是如此,研究亦是如此。

---

① 海德格尔.在通向语言的途中[M].孙周兴,译.北京:商务印书馆,2005:239,254.
② 海德格尔.诗人何为?[M]//孙周兴.海德格尔存在哲学.北京:九州出版社,2004:152-216.
③ 海德格尔.艺术作品的本源[M]//熊伟.存在主义哲学资料选辑.北京:商务印书馆,1997:428.
④ 海德格尔.艺术作品的本源[M]//熊伟.存在主义哲学资料选辑.北京:商务印书馆,1997:402.

"媒介道说"并不主张什么媒介中心主义,也不赞成把人视为中心,此二者本就同根孪生一体两面彼此强化,尽管看上去像是针尖对麦芒。此种非此即彼,注定听不到媒介道说之"大音"。如果一定说有中心,"媒介道说"的中心就是人与媒介的共存以及相互介入和运作这一根本,并由此切近媒介并道说媒介。基特勒将人类传播媒介历史切割为两段:文字媒介阶段和技术媒介阶段。前者以语言编码为基础,后者则完全按照现代数学编码公式而运作。① 目今所谓的"后人类",所谓的"虚拟真实",不正源自数字编码媒介的变迁吗?媒介关乎人的习性、生活方式和自我构成,并与人共时并进。"不同的文明依赖的传播媒介各有不同。"②媒介造就人,一代媒介自成一代人。英尼斯的《传播的偏向》、波斯特的《信息方式》、卡斯特的《网络社会的崛起》等,都已经从不同层面为我们做了见证。据调查,虚拟现实技术已经影响了目前人们对于现实生活的看法,有人曾在问卷中直截了当地回答:"现实并不是我最好的窗口。"③以此看,美国芝加哥学派早期代表人物库利是颇有见地的。他认为,人类的本性来自两条生命传递线:一是生物种性;一是语言、交流和教育。只可惜他始终抱定这是两条"明显分开的河道",

---

① 基特勒.传播媒介史绪论[J].文化研究,2013(13):235-254.
② 伊尼斯.帝国与传播[M].何道宽,译.北京:中国人民大学出版社,2003:8.
③ 海勒.我们何以成为后人类:文学、信息科学和控制论中的虚拟身体[M].刘宇清,译.北京:北京大学出版社,2017:36.

也就找不到其交汇之处,最终落在了生物有机体对社会的适应上①也是不得不然。

既属"人类本性",人与媒介的相接相嵌就非后天强加,而是与生俱来。人,按照盖伦的说法,天生就不是自足的生物,只能依赖于预先构成的自然条件。因此,技术成为人类自身本质的最重要的部分,正像人本身一样形成了一种人造的性质。②用斯蒂格勒的表述,人因"原始性的缺陷",故必以技术的弥补而诞生和存在:技术就是人的代具。代具并非人体的简单延伸,它构成"人类"的身体;代具也不是人的一种"手段"或"方法",而是人的目的。人是以技术的"外移的过程",运用生命以外的方式来寻求生命的。人与物(工具)的共时共生,标志着在有机体和它的环境之间出现了一种新型的关系,一种新的物质类型:即一种有机体(有机化的个人)同环境(一般意义上的、有机的和无机的物质)的关系,是由一种有机化而又无机的物质为中介来实现,而且二者互为激发:当"什么"在被"谁"发明的同时,也发明了"谁"③。这同样是唐·伊德所坚持的。他以为,人从伊甸园下到尘世,就是

---

① 库利.人类本性与社会秩序[M].包凡一,王源,译.北京:华夏出版社,1999:5.
② 盖伦.技术时代的人类心灵:工业社会的社会心理问题[M].何兆武,何冰,译.上海:上海世纪出版集团,2008:4.
③ 斯蒂格勒.技术与时间:爱比米修斯的过失[M].裴程,译.南京:译林出版社,2012:19,126,166,20,193.

和技术相伴相行。"对于人类来说,没有技术的生存只是一种抽象的可能性",除非是被圈在一个"孤立的、被保护的和牢固的乐园"里。"文化—技术的生活形式",也就因此"限定了所有经验性的人类社会"①。

这样的视野,就是我们透视媒介和人之间关系的基础。依斯蒂格勒的"技术史同时也就是人类史"②的说法,我们也可以毫不迟疑地说,媒介史同时也是人类史,"媒介学的起源应该是人类学"③。勒鲁瓦-古兰说:"人类群体在自然中的行为就像是一个生命肌体,……它通过一层物体(工具、器械)的中介来适应自己的环境。人类用斧头砍伐,用箭、刀、锅、匙来取食肉类。人类就在这样一种中间层之中取食、自我保护、休息和行动。"④中间层即为媒介。仿照卡西尔的说法,这就是由"劳作"(work)划出和规定的"人性圆圈"⑤。媒介道说就是顺着这样的通达让我们来倾听的。

"媒介道说"译丛,集中展现了不同学科各位名家大师的媒介论述和思想。首先,多学科的思想源流和横岭

---

① 伊德.技术与生活世界[M].韩连庆,译.北京:北京大学出版社,2012:14,20.
② 斯蒂格勒.技术与时间:爱比米修斯的过失[M].裴程,译.南京:译林出版社,2012:147.
③ 德布雷.媒介学引论[M].刘文玲,译.北京:中国传媒大学出版社,2014:15.
④ 斯蒂格勒.技术与时间:爱比米修斯的过失[M].裴程,译.南京:译林出版社,2012:164.
⑤ 卡西尔.人论[M].甘阳,译.上海:上海译文出版社,1985:87.

侧峰的不同入角,大大越出了原有传播学中媒介理论之一脉,将会为我们重新理解媒介,尤其是在今天这样的数字移动背景下审视媒介,提供重要的思想资源。这是我们主持出版该套丛书的初衷之一。其次,几年前我们就提出,应将"媒介"确定为传播学研究的重要入射角,这不仅是为了纠正传播研究重内容、重效果而忽视媒介的偏向,更重要的是,我们认为从"媒介"入手最能抓住传播研究的根本,显示其独有的光彩。近些年我们在这方面的探索也证明了这一点,并已经初步形成了特色,得到全国同道的关注和呼应。其结果是大大地扩展了人们对于传播的理解,开辟了新的研究议题,重组了研究的领域,使传播研究的面貌和气质得到了一定程度的改变。因此,选择这样一套译丛,既是我们研究设想使之然,同时也希望借此为进一步推动这方面的研究添柴加火。最后,也是最重要的一点,即译丛的多学科特色,恰恰表明了"媒介"的极端重要性,它关涉人类社会的各个方面(当今数字技术的运用和影响就说明了一切),因而也是所有学科关注的焦点。因此,这套译丛可以成为一个四通八达的媒介,它将伸入各个学科,汇聚八方来客,共同思考,共同道说,"嘈嘈切切错杂弹",携手创建中国传播研究的新蓝图。

自然,收入本套译丛的每本书,都是研究者对某一位学术名家媒介论说的梳理,属于"道说之道说"。这些"道说"及"道说"者拥有不同的学科和知识背景,其切入角度不同,问题指向不一,论述逻辑各异,基于不同的价值立场和媒介经验,就其内容而言,可以起到方便接引的作用,作为研究的初步向导,激发读者深入探索的兴趣。它既不能代替原著的阅读,更不是模仿照搬,"泥洋不化",好比夏宜楼里的"千里镜",做了个现成供奉的"宝物"。相反,我们要立足中国的媒介实践、传播经验和现实问题,从"媒介道说"中批判性地吸取养料,大胆想象,深耕细作,不懈努力,形成并发出中国学者之"媒介道说",并由此与世界对话。这,是我们的期待,也是每一位媒介学者应有的承当。

"哲学最终可能只不过是媒介理论而已"[①],对这个大胆的预测,我没有能力评判。不过由此倒让我想起海德格尔喜欢征用的两句诗:"词语破碎处,无物可存在。"现就将之稍作改动,以鹦鹉学舌结束这篇不算短的文字:

媒介破碎处,无物可存在。

媒介道说。

---

① 哈曼.铃与哨:更思辨的实在论[M].黄芙蓉,译.重庆:西南师范大学出版社,2018:219.

中译本序

在2008年8月8日那个闷热的晚上,我正在古老的北京胡同里一间时尚的酒吧中和几位时髦的年轻人一道,通过电视屏幕观看北京奥运会的开幕式。我们感到兴奋和焦虑,但这些情绪很快就被屏幕上不断显现的壮观场景所淹没。这场光彩熠熠的表演盛况空前,巨型LED卷轴、由897名表演者同步演示的活字印刷术、古代兵马俑、丝绸之路的历史、国际知名钢琴家的大师级演奏以及宇航员那未来风格的到场,无一不描绘了中国丰富的历史遗产、文化创新和科技发明。在奏国歌、升国旗的环节,酒吧里的每个人,包括我自己,都站起来自豪地唱着,把自己的右手放在胸口。开幕式结束时,我们去屋顶露台观看了几英里之外体育场上燃放的烟花。

在促使这座传统城市转型的同时又促进公民参与表达对一个全新国家的认同上,北京奥运会作为一个致力于应用尖端传播技术的大规模技术和城市实验室发挥了决定性作用。这一令人难以置信的大型全球活动受到全国乃至全球观众的关注。因此,北京奥运会成为中国公共文化的重要元素,同时也有助于向世界传播一个新中国的媒介奇观——这是一个现代的、先进的、国际化且文化多元化的国家。在目睹这场规模空前的景观的同时,我意识到,本雅明对媒介和现代性的洞见与分析欣欣向荣的中国媒介景观的变化有多么大的关系。

北京是21世纪的首都吗?这可能是本雅明会提出的问题。他被各种形式的传播技术和娱乐产业不断发展所引发的现代性幻象所吸引——从19世纪的拱廊街、全景图、世界博览会、戏剧、报纸,到20世纪初的无线电广播、摄影、百货商店、电影院。他的巨著《拱廊街计划》由19世纪巴黎各方面的材料组成,主要关注媒介在新集体主体的形成过程中所发挥的建设性作用,这些集体主体包括报纸读者、电台听众、大众消费者、事件观众、电影观众等。他在写于1935年的《巴黎,19世纪的首都》中勾勒了这一研究项目的主要方面。在这里,巴黎意味着资本主义商品文化城市的原型,囊括了现代性的奇观。可能潜藏在这部作品之下的意图是引导读者探索他们自己城市的媒介文化,比如亚洲的上海、首尔、东京或孟买,南美的圣保罗和非洲的约翰内斯堡,以及伦敦或纽约。

在本书中,我认为本雅明的媒介批评为各种传播方式的发展及其对人类感知、主观性、审美实践和政治领域的深刻影响提供了独到见解,而这些见解对于掌握当今复杂的媒介景观更为重要。在数字媒介时代,媒介与资本主义现代性之间的密切关系以及技术创新与人类经验转变的密切交叉日益加剧。本雅明的媒介批判有助于我们提出以下问题:新数字技术如何表达现代传播形式?

在后人类媒介时代，对传播而言产生和再生产了哪些新的可能性和独特的限制？经历越来越多与新媒介生态学交织在一起的听众、观众和批评者所体验到的新媒介文化是怎样的？尽管本雅明生活在不同的媒介时代，但对于要批判性地分析人工智能、机器学习和物联网所构成的当前全球媒介景观来说，他提出的问题仍然是这个任务的基础。这是我试图在本书中提出的。

当然，本雅明观点的一些方面不应该被接受或不加批判地应用。他的《拱廊街计划》甚至不是一本完整的书。他不合时宜的突然死亡使他的项目并不完整且未被归纳。当今读者的任务是收集媒介景观分散的碎片和人造产物并完成他的项目。为此，他的指导主张需要在不同的技术、文化和政治语境下进行本地化。这可能是这一项目的遗产，不断邀请当代读者，无论他们身在何方，都进入收集、解释和唤醒他们的意识的过程。

我很高兴我能通过介绍本雅明的迷人作品来向中国读者分享我对媒介批判理论的热情。我很感谢译者孙一洲的热情付出。对于本雅明来说，翻译是一种艺术形式，而"可译性"属于"特定作品的基本质量"。我希望本书的中文版能体现本雅明的独特思想不仅是"跨越语言的"，也是"跨越国界的"。

康在镐
2019 年 4 月于首尔

译者序

自20世纪50年代以来,本雅明便作为20世纪最重要的思想家被世界范围内的读者所熟知。他的著作在经历了半个多世纪的阅读、阐释和研究之后,依然吸引着全世界学者的目光。从阿伦特所编《启迪》一书的惊鸿一现,到阿多诺与肖勒姆之间编撰选集时在立场上亦敌亦友的角力,再到直接影响亚历山大·克鲁格这样的电影导演,尽管研究范式历经迁移,但本雅明一直是理解当代世界的最重要的理论资源之一。除了传统的文学批评和政治面向之外,人类学、社会学、艺术史等各个学科都能从本雅明那些灵光乍现的片段中汲取营养。

也许在大部分读者的心目中,本雅明还是一位文学批评家。的确,他生前曾是一位成功的文艺评论家和一位也许不那么成功的文学译者,深受霍夫曼斯塔尔等同代文学家重视。20世纪50年代,在苏尔坎普出版社销售《本雅明选集》之后,"本雅明生前籍籍无名"的广告词以讹传讹,长期成为本雅明的标签,甚至影响了大量专业读者。事实上,尽管并未受到德国学术界的接纳,但本雅明的文学批评在他生前就已经取得了一定的成就,也曾受到法国小说家纪德两小时的专访。本雅明极力强调文学批评的价值,时至今日仍然是比较文学最重要的作者之一。除了大量学科内论文之外,他的洞见也直接刺激了包括唐诺在内的作家们的写作灵感——他确实希望自己能成为一位"作为生产者的作者"。

得益于本雅明与法兰克福社会研究所的长期合作,将本雅明纳入批判理论乃至西方马克思主义传统之内是另一种传统的且在学界占主导地位的研究方式。这一路研究主要关注本雅明的《暴力批判》和《论历史的概念》中那些对政治独到也略显飘渺的箴言。在这两种主要路径的交叉地带,本雅明的美学品味与犹太情愫也是学者们常常提起的话题,尽管他在艺术和神学上都自成一格。近年来,随着阿甘本的风靡,本雅明与施密特之间有关"政治神学"的论战(《例外状态》)也吸引了很多国内学者的注意。这场论战事实上是20世纪80年代编纂《本雅明全集》时由雅各布·陶伯斯带出的一个学术热点,到20世纪90年代初基本得到了充分讨论。尽管阿甘本解读出本雅明与施密特在哲学立场上深远的差异,但本雅明本人写给施密特的信件措辞却更像是投效,而施密特当时的反应也是大教授面对江湖来客主动赠书时的标准反应——没有反应。

这种一本正经的惊诧更多暴露了我们对于本雅明多面手形象的不熟悉。简略地说,我们可以用四位本雅明生前的好友来定位他的四个主要维度。其中两位是20世纪50年代推动《本雅明选集》出版的肖勒姆和阿多诺,他们分别代表着本雅明思想中的犹太神秘主义和德国传统美学的积淀。这是20世纪80年代之前本雅明研究被讨论的主要话题。在本雅明协会近年的征稿启事中,明确提及当今研究者早已跳脱出政治左翼和神学先知这两个面向的"辩证对立"。另外两位是德国剧作家布莱希特和以电影研究闻名于后世的克拉考尔,他们分别象征着本雅明的马克思主义诉求和他对现代都市生活的观察,最后一种路径尤其受到文化研究方向的热捧。

除此之外,本雅明思想中技术和社会的维度尚且没有得到理论的单独重视,只在之前的主要思路中被部分涉及。尽管比较文学对本雅明笔下的都市感知有深入研究,但将本雅明对于媒介的讨论完全纳入文学仍然存在一个龃龉,即本雅明对现代文化的讨论正是始于19世纪末文学世界的坍塌。报纸的普及加快了信息传播的速度,进而导致小说作者必须直面读者,催化出一批19世纪末报业的起点小说式写手。歌德和福楼拜享受的独立创作空间与时间都不复存在。此外,工业革命创造的都市奇观也吸引了大量原先的文学读者,尽管这些内容最终都诉诸纸端,但这在多大程度上仍然属于文学,似乎是一个悖论。

本书明确将本雅明思想中的第五重维度命名为媒介研究,这并不意味着新的研究与传统研究完全隔离甚至将其全盘颠覆。自20世纪80年代《本雅明全集》基本编纂完成之后,除非能发掘新的材料,否则学界已经很难重现这样的颠覆。但这一维度尤其有利于我们理解本雅明与法兰克福学派主要成员之间的距离。在霍克海默和阿多诺将纳粹视为整个西方文明的病灶并加以分析的同时,本雅明却更关注纳粹传播自身学说的方式。同时,哈贝马斯的《公共领域的结构转型》以近代英国为典范,认为公共领域的形成是以报纸、咖啡馆这样的公共空间为载体的,而在本雅明眼中,这个领域早在19世纪就已经在技术上被取代了。举例来说,启蒙时代的书信是公共生活的一个部分,主人会在宴请客人时朗诵远方来信,既传达信息,也彰显自己交际的广泛。而本雅明和阿多诺的书信则充满对稿费、教职和待遇的讨论,私人性质十足。这也是为什么从学理上讲,本雅明与阿多诺之间就"辩证意象"展开的讨论标示着现代媒介研究与传统哲学之间的分野。

本书作者康在镐教授也不是初来乍到的闯入者,本书的讨论建立在他对之前研究的熟稔之上。2003年于剑桥大学取得了媒介社会学的博士学位之后,康在镐教授在德国洪堡基金会的资助下来到法兰克福大学社会研究所从事博士后研究,而指导他的正是刚刚退休的法兰克福学派掌门人霍耐特教授。此外,在多年的研究中,他也曾得到弗里斯比、汉森等这些过去对本雅明研究做出原创性贡献的先辈学者们的指导,可以说康在镐教授对传统的批判理论和本雅明研究都浸淫已久。此后,康在镐教授先后在纽约新学院大学和伦敦大学任教,在授课过程中将草稿归纳整理成这部作品。

本雅明一生命运多舛,研究兴趣也多次迁移,这给很多本雅明的研究者造成了切实的困难,研究者除了按照本雅明的创作顺序顺流而下外,似乎别无他法。而对于他在研究兴趣上的跳跃,除了佐以本雅明传奇的生平经历之外,似乎也很难把话说圆。即使在汉语学界,刘北成教授写于20世纪90年代的《本雅明思想肖像》也已经贯彻了这种研究路径。而英文世界权威的《本雅明评传》(*Walter Benjamin: A Critical Life*)的中译本也可能在近年面世,后学如果再重复类似的工作,都难免有骥尾之嫌。对本雅明的理论研究和对本雅明的生平研究纠缠在一起的痼疾始终是每一位后来研究者必须面对的问题。

根据研究兴趣重新整理本雅明略显杂糅的作品,将更有利于我们理解本雅明理论而非其人生。在这方面,本书作者的目的极其明确,他非但没有按创作顺序逐一论述,反而将本雅明早期和晚期有关语言的类似讨论放置在一起,并几乎割舍了《论亲合力》和《德意志悲苦剧的起源》两部作品。熟悉本雅明生平的读者也许知道,本雅明在此期间有一个未遂的学术梦想,而这两部作品也是他所有作品中离当时的德国学界最近、离当今社会最远的。尽管这两部作品目前又成为德国文学路径下本雅明研究的热点,但这些内容大都不在本书的辐射范围之内。

本雅明对媒介的讨论始于他早期对文学和语言的关注。19世纪欧洲的公共领域随着报业的兴旺而略显嘈杂,与其说是民众道德水平低下,不如说是媒介自身普及的结果。印刷业的发展为很多杂音提供了平台,文学作品特别是小说的创作开始直接从属于报纸的格式乃至付费系统。这就是信息工业对整个文化的重新塑造。当代读者对这种情况完全不陌生,从网络小说到公众号,网络时代的我们见证一轮又一轮的信息泡沫。但本雅明并不局限于这样的观察,而是讨论新的信息平台对感官的改写,并试图从中发现扭转信息受众消极地位的可能性。

20世纪初的世界又迎来了一波媒介革命,本雅明也亲自参与了很多尝试,其中首推当时方兴未艾的广播。本雅明博士"屈尊"主持儿童节目,不仅仅有经济上捉襟见肘的原因,也有他在理论上的诉求。一战末期的媒体在大战的阴云下集体失声,口头传播在民间和前线再次获得了公信力。这源于人类"说故事"的古老记忆,而从文字中挣脱出来的语言自有其局限性和无限可能性。"如何向孩子讲故事"被本雅明提升到了语言学和文学本位问题的层面,拥有理论和实践的双重向度。至于声音的潜力到底有多大,近年来我国火热的播客行业也走在了本雅明的延长线上。

当然,本雅明绝不是唯一对这些新媒介感兴趣的人。纳粹在发展壮大的过程中制作了大量电影为自己的邪说鼓噪,又用广播给人们"洗脑",本雅明对这种行径予以抨击。相比其他聚焦于驳斥纳粹学说本身的声音,本雅明将讨论的重点引向了这种媒介的威力上。也就是说,真正核心的问题在于政治与大众传媒之间自古以来的紧密联系,这也有助于我们不要过度乐观地看待新媒介之于知识或社会的意义。对《机械复制时代的艺术作品》的讨论在理论界从未缺席,却似乎总是关注如何重建逝去的"光晕"。而本雅明之于媒介研究的意义,恰恰在于他更关注如何重建未来的"公众"。奥巴马和特朗普都在参与美国总统选举的过程中利用社交媒体与选民进行了广泛互动,而主流媒体的风评却大相径庭,颇有"昔日小甜甜,今日牛夫人"之感。

城市和现代媒介的诞生是同步的,因为人的集合就意味着信息的交换。在本雅明研究巴黎的《拱廊街计划》中,本雅明逐一分析了现代城市兴起中伴随的媒介现象及其进一步导致的人在感官上的演化。公共空间被具体落实在了19世纪后半叶之后人的生存空间之中,而不仅仅是以伦理或理性为规范的击剑场。现代不仅是某种时间感,而且也意味着认识论上主客体之间的距离和区别都产生了剧烈的变化。置身于现代大都市中,现实和虚幻也有了各自新的定义。

这样的本雅明也有足够的余地与其他媒介理论家展开对话,因为钟情于文学的本雅明在写作时总是想兼顾理论和文采,这让他有时算不上一位多么直白的作者。如果习惯于重复他一些颇为神秘的修辞,也许对文学或美学研究有所裨益,但对于媒介这样的社科研究却显得过于敷衍。作为一位曾留学剑桥且长期在海外任教的韩国人,作者清晰且结构分明的英文写作反而是一大优势,便于我们将本雅明的洞见提炼出来。随着与国外学界交往的日益深入,即使在研究一些以晦涩艰深而闻名的作者时,读者也会逐渐习惯这种清晰而浅白的论述方式。当然,只要不在过于虚浮的概念中空转,论点的精确性或价值始终值得商榷。很多人也许尚不熟悉这样一个并不忧郁婉转的本雅明,不过即使在蒸馏掉他的传奇或不幸之后,本雅明依旧能以理论自身的意义触及现代人的感知。

以本雅明在《译者的任务》中的标准,本书译者绝不是合格的译者。译者学识有限,疏漏在所难免,恳请读者不吝赐教。给译本挑刺乃是对译者最大的抬爱，让文本免于沦为自说自话和自我标榜。在翻译过程中得到了不少师友的帮助，更离不开责任编辑与出版社团队为之付出的努力，在此表示感谢。

孙一洲

缩　写

SW《本雅明选集》

Selected Writings, vols I-IV, eds. Marcus Bullock, Michael Jennings et al. Cambridge, MA： Harvard University Press, 1996—2003.

GS《本雅明全集》

Gesammelte Schriften, vols I-VII, eds. Rolf Tiedemann and Hermann Schweppenhäuser, with the collaboration of Theodor Adorno and Gershom Scholem. Frankfurt am Main： Suhrkamp Verlag, 1974. Taschenbuch Ausgabe, 1991.

AP《拱廊街计划》

The Arcades Project, trans. Howard Eiland and Kevin McLaughlin. Cambridge, MA： Belknap Press of Harvard University Press, 1999. References to the 'Arcades Project' are given by Convolute number and page.

ABC《阿多诺与本雅明1928年至1940年通信全集》

Theodor W. Adorno-Walter Benjamin： The Complete Correspondence 1928—1940. ed. Henri

Lonitz, trans. Nicholas Walker. Cambridge: Polity, 1999.

BSC《本雅明与肖勒姆 1932 年至 1940 年通信集》

The Correspondence of Walter Benjamin and Gershom Scholem 1932—1940, ed. Gershom Scholem, trans. Gary Smith and Andre Lefevre, 'Introduction' by Anson Rabinbach. Cambridge, MA: Harvard University Press, 1992.

C《本雅明书信集》

The Correspondence of Walter Benjamin, ed. and annotated by Gershom Scholem and Theodor Adorno, trans. Manfred Jacobson and Evelyn Jacobson, 'Foreword' by Gershom Scholem. Chicago and London: University of Chicago Press, 1994.

Media《技术复制时代的艺术作品及其他论媒介的作品》

Work of Art in the Age of Its Technological Reproducibility, and Other Writings on Media, eds. Michael W. Jennings, Brigid Doherty and Thomas Levin, trans. Edmund Jephcott, Rodney Livingstone, Howard Eiland, and Others. Cambridge, MA: Harvard University Press, 2008.

OGTD《德意志悲苦剧的起源》

The Origin of German Tragic Drama, trans. John Osbourne, 'Introduction' by George Steiner. London: Verso, 1985.

致　谢

这只是一本小书，但我希望向许多人表达谢意。

本书有许多功劳应该属于在新学院大学和伦敦大学亚非学院参加我所开设的媒介批判理论研讨班的同学们。他们强烈的求知欲和非凡的想象力让本书得以更直接地面对当代媒介文化的政治。我也必须感谢我的博导（Doktorväter）和导师们，他们一直指导、支持和鼓励着我，他们包括：John Thompson，Nick Couldry，Axel Honneth，徐奎换、已故的 David Frisby 和 Miriam Hansen，Elihu Katz，Daniel Dayan，Jeffery Goldfarb，Andrew Arato，Patrick Baert。我希望他们对本书的功劳以及我对他们见解的尊重能在书中体现。还有很多朋友和同事也对这部作品作出了智识上的贡献，他们包括：Paolo Carpignano，Vinayak Chaturvedi，Lawrence Hamilton，Noah Isenberg，Troels Degn Johansson，Andreas Kalyvas，金圣道、Robert Kirkbride，Claus Krogholm，Shannon Mattern，Marcos Nobre，Dominic Pettman，Martin Roberts，José Rodrigo Rodriguez，Sanjay Ruparelia，Barry

Salmon，Martin Saar，Nidhi Srinivas，Erik Steinskog，Sam Tobin，McKenzie Wark。Bernadette Boyle 对稿件进行了周详的审阅，需要特别感谢。部分章节曾在《星丛》(Constellations)、《理论》(Theoria)、《国际政治学刊》(International Journal of Politics)、《文化与社会》(Culture and Society)发表过，我要感谢这些刊物允许我再次使用这些文稿。

我还要特别感谢一下 Graeme Gilloch。自从我们在法兰克福大学附近的咖啡馆第一次见面之后，他就极力鼓励我推进我们所讨论的话题，并在思路成形的每个阶段都帮助我打磨粗糙的构想。没有与他的友谊，本书将不可能完成。我也深深地感激洪芝淳多年来的理解、耐心和鼓励。我也想感谢我的姐妹文僖和真僖在过去几年里对我的理解和支持。

我将本书献给我的母亲柳静姬和父亲康基寿，他们多年来给予了我无限的宽容、耐心和理解。

第一章 本雅明简介

彼时彼地，此时此地

关键作品

《简历1》（1925年）

《简历6——本雅明博士》（1940年）

1940年9月，在法国和西班牙边境，年仅48岁的瓦尔特·本雅明自杀身亡。那时，我们今天所熟知的媒介世界尚且处于萌芽状态：很少有人拥有电话；电视作为一种技术还处于起步阶段；至于电影，默片的时代记忆犹新，而彩色片仍然是一种新奇的事物；印刷品、报纸、杂志和期刊仍占主导地位，而广播已成为它们主要的电子竞争对手。对于他这一代人来说，"无线"具有完全不同的含义。大约70年后，我们生活在一个由各种电子通信技术主导的全球化世界：移动技术、各种信息和通信技术（ICT）、卫星频道、即时全球电信、博客、社交网站、推特、即时接入互联网的平板电脑和音乐播放器。那么，本雅明的作品能告诉我们这个21世纪无处不在的数字媒介世界什么呢？对于今天的读者而言，即时全球通信、即时获取信息、即时下载、游戏图形、3D、HD 大型多人在线角色扮演游戏（MMORPG）、观看电视直播和无所不在的广告都是日常生活中不可或缺的一部分，我们几乎没有注意到它们，更不用说思考它们了？而对于这部分读者而言，本雅明的作品提出了怎样的挑战与问题呢？

在这本书中，我想说明，尽管生活在不同的媒介时代，但本雅明的著作仍然批判性地分析了当今全球媒介景观的基础。这有两个主要原因：首先，因为本雅明关注的是媒介与资本主义现代性之间的密切关系；其次，因为他以技术创新与人类感官和经验转变的紧密交叉为前提，而这些联系在他不幸逝世后的 70 年里将愈演愈烈。

我在读研究生的时候就对本雅明有关媒介的著作感兴趣。几年后，在撰写本书的过程中，我重读了关于这一主题的核心文本，并震惊于本雅明之于我们当代媒介景观分析的持久相关性。例如，传统的观念认为媒介不过是向接受者传播信息的技术设备，而本雅明是为数不多的批判性地挑战这一观念的早期思想家之一。此外，我在本雅明有关媒介的著作中发现了强烈的政治参与感，因为他试图探索它们在社会经济和政治上的环境与后果。虽然针对这些问题有很多争论，但对我来说，本雅明的见解表明他受惠于在卡尔·马克思的历史唯物主义传统下工作，而且对于资本主义现代性及其灾难的非人性、不公正和不平等来说，他也是一位深刻而往往显得忧郁的批判者。本雅明的作品总是面向为人类解放而交流的可能性，他不是以一种天真的方式将现代媒体视为便利的工具,即一种技术发展,而是视为他长期思考调整和协调人类、技术和自然之间错综复杂的相互作用的一部分。

将本雅明本人描述为一位"失败的"学者是事实,虽然这略显苛刻。如果我们指的是高等教育机构的有偿雇员,那么他从来就不是学者。他从未在大学保有过职位:当他被迫于1923年在审查委员会审议时撤回他的教职论文(Habilitationsschrift),他获得教职的希望就破灭了。正如我们稍后将看到的那样,他的论文被德国学术体制的大师们视为不忍卒读、难以理解和无法接受,可这些大师们的名字如今却早已被遗忘或近乎被遗忘。无论是有意还是无意,本雅明被大学体系突然且毫不客气地驱逐使他或者说强迫他开始了一种不同的生活方式,这当然也是一种不同的写作方式——他不再写作他所鄙视的"大部头"或"重磅作品",而是写作各种各样的散篇、评论和其他片段,以向报纸、杂志、期刊的专栏投稿,这些都是本雅明文学活动的出色阵地。报纸而非演讲厅是他传达观念和思想的主要场所。的确,在20世纪30年代的巴黎,本雅明花了很多时间来完成他所挚爱的作品《拱廊街计划》,以典型学术的风格在巴黎国家图书馆(Bibliothèque Nationale)的档案中挖掘材料。但他也不断将自己在柏林、巴黎和其他地方经常光顾的咖啡馆称为自身知识生产的关键场所。我们可能会联想到那些端着笔记本电脑和拿铁咖啡坐在今天已连上Wi-Fi的大都市咖啡店的人们,在某种意义上,本雅明也是他们的先行者。

因此,让我以一些略显不同的形式来介绍本雅明博士,他不是一位孤独地躲在灰尘飞扬的图书馆阅览室里,研究着注定为最独特的精英知识分子读者所阅读的晦涩而乏味的材料的学者,而是一位参与政治的批评家,我们将在许多不同的环境、历史时刻、生活情境以及生产场所(虽然不太可能)中遇到他。

从 1939 年起,本雅明正式开始无国籍身份的生活,但更早于此,他已经被接受为"左翼的局外人":从 1934 年春天开始,他就依靠纽约社会研究所每月 500 法郎的津贴维生,并不断同出版商争论稿费。即使在作为知识分子难民这种绝望的情况下,他仍然与任何学术机构或政党无关。他既不是社会研究所也不是共产党的成员。然而,这种边缘立场并没有阻止他扮演公共知识分子的角色。例如,1935 年,本雅明出席了第一届国际作家大会,这次大会旨在将共产主义和社会主义作家联合起来反对法西斯政权。1935 年 6 月 22 日,在巴黎的一家咖啡馆,本雅明就他的论文《技术复制时代的艺术作品》发表了演讲,这是由巴黎的德国作家联盟组织的一次活动。在政治动荡中,本雅明受到法西斯研究所的邀请,就文学形式与政治之间的关系发表了演讲,这一演讲的内容之后被汇编成了开创性的作品《作为生产者的作者》。他的文章《巴黎来信》于 1936 年在莫斯科的杂志《词》(*Das Wort*)上发表。该出版物被盖世太保所禁绝,导致本雅明的德国公民身份被撤销。在任何意义上,本雅明都没有办公室和私人空间。他总是出现在公共场所:他在图书馆读书,在咖啡馆写作,并在书店演讲。他是一位公共的人,城市的公共空间就是他的工作空间。

尽管不希望将本雅明的生活感情化或浪漫化，但是其作品的吸引力仍然在于大学系统和学术界之外的边缘而非主流。他从来不是一位局内人。在本书接下来的内容中，我首先想要传达一种感觉是，本雅明是一位充满能量和兴奋感的作家，是政治参与和禁忌的作家，是一位专注于尖端技术、新世代和新政治形式与可能性的思想家。他的观念不仅在他所处的时代是新颖的，直至今日也仍鼓舞着我们。本雅明也是一位**现代性**（modernité）的作家。这也是他可以历久弥新的原因。因此，让我们通过本雅明所扮演的四种角色来结识他：学生活动家、记者、媒体从业者和媒介批评家。

本雅明肖像

关键作品

《经验》(1913年)

《青年形而上学》(1913—1914年)

《大学生的生活》(1914—1915年)

《未来哲学论纲》(1918年)

《德国浪漫主义的批评概念》(1919年)

《教职论文大纲》(1920—1921年)

《致克里斯蒂安·朗的书信》(1923年)

《我对大麻第二印象的主要特征》(1928年)

《1931年8月7日的日记，直至我的死期》(1931年)

《破坏性性格》(1931)

《经验与贫乏》(1933年)

《1900年左右的柏林童年》(1938年)

学生活动家

1892年,本雅明出生于柏林的一个中上阶层的世俗犹太家庭,有趣的是,他接受的学校教育远非类似背景的孩子们的典型。1905年,他被送往位于图林根州农村的豪滨达(Haubinda)的一所经过改革的寄宿学校,而不是前往文理中学就读。在那里他加入了由德国著名教育改革家古斯塔夫·维内肯(Gustav Wyneken,1875—1964)所领导的青年运动中的左翼自由派。维内肯倡导的学校改革计划逐步灌输终生的激进教学法和为年轻人寻找替代性教育体系的可能性。在第一次世界大战之前的那段时期,一方面是普鲁士帝国的陈腐而保守的资产阶级世界,另一方面是在20世纪初激烈寻求新可能性与机遇的进步激进青年运动,本雅明的青年时期就像他同代的许多人一样,以两者之间的代际冲突为标志。那个时代仍然受到旧的等级制度、传统的社会习俗和长期存在的特权和服从模式所支配。这是一个令人窒息的资产阶级礼仪和偏见的世界,充斥着胜利的德国军国主义和帝国野心。对于许多先进的年轻人来说,这是一种越来越不合时宜且反动的社会和政治秩序。而第一次世界大战的恐怖随后将之扫荡一空。

1912年,本雅明前往德国和瑞士边境,在布赖斯高的弗莱堡大学就读,最开始学习哲学。一年后,他回到柏林,参加著名社会学家齐美尔(Georg Simmel,1858—

1918)的讲座。齐美尔对商品文化和当代都市生活的社会学分析,在《大都会和心理生活》(*The Metropolitan and Mental Life*,1903)与《货币哲学》(*The Philosophy of Money*,1907)中得到体现,这为本雅明提供了一个持久的理论基础,让本雅明得以详细阐述和说明对商品文化和现代人类经验的批判性考察。然而,对于像本雅明这样寻求知识和政治实践的替代模式的学生来说,"大学根本就不是学习的地方"(C,72),实际上,甚至可能造成主动的伤害,因为大学可能"毒害我们的精神转向"(C,74)。作为柏林自由学生协会(FSA)的主席,本雅明更积极地参与学生运动而不是大学课程。他最早的出版物之一是一篇题为《教育改革——一场文化运动》(Educational Reform:A Cultural Movement)的文章,刊载于1912年柏林自由学生协会在弗莱堡出版的杂志《学生与学校改革》(*Student and School Reform*)上。他在1914年举行于魏玛的一次学生会议上提交了有关大学新概念的文章。在早期作品(诸如《青年形而上学》《青年的宗教地位》和《经验与贫乏》)中探讨的形而上学主题(如语言、交流和经验的本质)是本雅明对他积极参与学生运动时产生的具体社会政治问题进行哲学反思的一部分,认识到这一点至关重要。在这些文章中,本雅明将德国教育体系的局限性和失败归因于教授和学生之间的等级关系,他将之视为师傅和学徒之间、掌权者和无权者之间的关系,这种关系建立在演说者与聆听者之间单向交流的旧观念之上。本雅明自己受到的激进的学校教育实践使他确信,交流绝不是也永远不应该被简化为"单行道",而必须始终涉及相互和共同的活动。教育的目的并不是由权威的教师向被动的学生传递信息或知识，而更应是积极参与互惠互动的集体交流。与在世纪之交统治着德国公共教育体系的传统启蒙教育学原则相反（在今天的大多数国家，这些原则可能仍然很强大），本雅明认为教育和娱乐是互补而并非互不相容的过程。本雅明在交流传播、教育和娱乐方面的主题旨在挑战所有形式的既定权力、正统和权威，无论是传统知识、文本、作为师傅的教师，还是包括大学在内的组织机构或当权的政治权力。

记　　者

在完成学业后，本雅明开始思考自己未来的职业。尽管蔑视作为组织机构的大学，但他还是决定追求学术生涯，希望成为"一位哲学的文学评论家"："我为自己设定的目标尚未完全实现，但终于接近了。我的目标是成为德国文学的最重要批评家。"（1930年1月20日致好友肖勒姆的书信；C，359）本雅明勉强逃过了德国军队的征兵，搬到了瑞士伯尔尼大学，在那里撰写博士论文，研究早期浪漫主义批评理论的哲学基础（1920年发表的《德国浪漫主义的批评概念》）。在1918年给他的朋友恩斯特·肖（Ernst Schoen，1894—1960）的一封信中，本雅明表达了他对学术生涯的不确定："我确实想获得博士学位，如果这不应该发生，或者没发生，那么它只能是我最深压抑的表达。"（C，125）本雅明在多大程度上或多么认真地将自己设想为一位教授，我们并不能完全清楚。

在短暂参与父亲在柏林的古董生意时，本雅明曾设想将贩卖古董和稀有书籍作为职业的可能性。在此之后，本雅明回到学术界，并在1924年5月至1925年4月初就德国巴洛克时期的悲苦剧（German Baroque Trauerspiel）完成了他的教职论文。这篇文章于1925年5月提交给法兰克福大学文学史教授，接着提交给了美学教授，最后被转交给了哲学系的教员，包括后来担任社会研究所所长的青年教师马克斯·霍克海默（Max Horkheimer，1895—1973）。这部作品探讨了中世纪之后德国戏剧的一种特殊形式（或观念），本雅明认为这种形式表达了一个被神弃绝的人类世界那忧郁的生存状态。审查者们对这篇论文的共同评价是无法理解，其中不少于600处引文的来源极为模糊。与其面对彻底失败的尴尬，本雅明还是听取了大学方面的非正式建议并撤回了他的论文，从而终结了在魏玛共和国的德国大学体系中任职的机会。然而，这对他来说也许是一次幸运的逃脱（对所有那些钦佩他作品的人来说也是如此）。他宽慰了自己，没有理由认为这不是真的："总而言之，我很高兴。沿着当地大学的所在攀爬弗兰哥尼阶并不是我的方式。"（C, 276）几年后的1928年，他撤回的论文以《德意志悲苦剧起源》（*Ursprung des deutschen Trauerspiels*）为题刊印出版。与德国学术体系的负面反应相反，他的书在德国和法国的文学界得到了广泛的批评关注和一些正面的评价。

本雅明不再是一名学者，而是越来越多地参与新闻写作，包括评论、文章和其他针对大众读者的短篇，这些体裁和读者群体都受到学术精英和官僚的蔑视。他收集的格言和片段集《单行道》(One-Way Street)与《德国悲苦剧的起源》于同年问世,但在设计、构思和语调方面截然不同。凭借由达达主义者萨莎·斯通(Sasha Stone)设计的耸人听闻的蒙太奇封面,《单行道》构成并试图表达一种新颖而另类的知识实践模式,并提出了本雅明自己的创新文学批评。这种独特和开拓性的知识分子实践之基本特征是捕捉和记录都市日常生活的时事性。批评家的任务是随时记录并展示此时此地。当前的事件、文化的发展、新的娱乐形式、日常生活的摘录、对资本主义现代性之存在条件的零碎洞察——所有这些都被以格言、笑话、文学片段、书籍评论、远近城市景观的钢笔画、访谈和其他文本元素所捕捉。所有这些片段都被收集并组成了图形、马赛克、星座以及对主流和传统的体裁、流派、评论家和作家,即所谓知识分子与政治家的幽默、讽刺和批判性蔑视。正如我们将要看到的,这种做法被延续到了他有关19世纪巴黎拱廊街那未完成(或不可完成)的项目中,而这个项目就是在20世纪20年代中期构思出来的,它并不是要重建过去,而更多的是要呈现当代的意义。在这一线索下,本雅明的知识分子实践可能被理解为"通信员"这一术语,也就是说,一个以与他们时代的规则相对的方式写作的人。他的著作包括紧急、短促、尖锐而严厉的句子,用交织的长短句刺穿魏玛文化中自满的资产阶级伪知识分子圈子的伪装和浮夸。在这种新闻形式中,他不仅写了他自己的时代,也写了我们的时代。这种形式更像是漂流瓶里的急信,而不是冗长之信。

作为审稿人、采访者、编辑和翻译,本雅明的多方面工作以各地期刊和报纸为中心,这其中不仅包括法兰克福(即《法兰克福报》)、柏林(《文学世界》)和巴黎(《世界报》),还有东欧城市如莫斯科(《造物》和《词》)和布拉格(《布拉格日报》)。将本雅明描绘成一个不幸而忧郁的形象或许低估了他作为记者的成功。例如,在他访问柏林期间,法国小说家安德烈·纪德(André Gide,1869—1951)曾于1928年1月对本雅明进行了两个小时的专访。他还采访了其他当时著名的文学作者,比如格林(Julien Green,1900—1998)、玖昂多(Marcel Jouhandeau,1888—1979)、伯尔(Emmanuel Berl,1892—1976),以及超现实主义者阿拉贡(Louis Aragon,1897—1982)和德斯诺(Robert Desnos,1900—1945)。

创办自己的期刊是本雅明一直坚持的愿望。在20世纪20年代,当一个出版商委托他编辑一本新的文学和哲学批评期刊时,这一切几乎要实现了。他提出的标题是《新天使》(*Angelus Novus*),取自他拥有的一幅保罗·克利(Paul Klee)的画作的标题。在他的主编就职前言《〈新天使〉期刊宣告》中,本雅明宣称"期刊的使命是宣扬其时代精神",探索当代文化政治、戏剧和宗教。但是在经历了各种纠纷和财务问题之后,出版商退出,而《新天使》也从未出版过。本雅明也许能够勇敢面对《德意志悲苦剧的起源》的学术失败,但这一次,他没有隐藏他的苦涩和失望。

本雅明第二次试图出版自己的期刊但仍以失败告终是在20世纪30年代早期,当时他与布莱希特(Bertolt Brecht,1898—1956)合作密切。本雅明和布莱希特认为,面对新的大众媒介,资产阶级的艺术和文化形式已经崩溃。随着传播技术的迅速发展,新艺术形式的兴起需要同样创新的批评类型。第二次期刊的拟议标题《危机与批评》(Krise und Kritik)表明了他们认为传统审美实践和范畴崩溃的基本见解。本雅明和布莱希特计划纳入各种著名的左翼文化批评家和作家的作品,如卢卡奇(György Lukács, 1885—1971)、科尔施(Karl Korsch, 1886—1961)、克拉考尔(Siegfried Kracauer, 1889—1966)、阿多诺(Theodor W. Adorno, 1903—1969)和德布林(Alfred Döblin, 1878—1957)的作品。但又一次,由于经济困难以及两人之间的编辑分歧,计划没有实现。

本雅明有过第三次也是最后一次出版自己期刊的尝试,但这是在非常不同的情况下做出的。1939年,本雅明作为一名敌侨被拘禁在维尔努歇城堡(Chateau de Vernuche),他试图与一两名营地囚犯合作制作一本出版物。这并不是作为一种发展知识实践的方式,更多的是分散自己的注意力并以此在集中营里生存。

媒体从业者

本雅明在担任媒介理论家之前是媒体从业者。他不仅是一名记者,为报纸和杂志工作,而且还在20世纪20年代末和30年代初积极参与无线电广播工作。这一时期,德国广播行业迅速发展,广播作为一种新的大众媒介备受欢迎并达到顶峰。与主要致力于在理论上讨论无线电可能性的其他德国知识分子不同,本雅明在广播中担任重要角色,有时作为导演,有时作为主持人,有时作编剧。尽管他对无线电广播的参与是由于他迫切需要收入，但他对媒体的参与是开创性的。广播被许多德国知识分子视为"大众"传播的贬值形式。本雅明的广播播送的内容并不涉及高雅文学或知识教养（与他同时代的一些人不同），而是流行文化中最被嘲笑的领域之一——儿童节目。

本雅明意识到，新公共文化的可能性永远不会来自高雅艺术的衰落，而只能来自新的"大众"文化产业的中心内部，诸如广播和电影。在大众媒介中，他看到了新的机会，可以超越基于启蒙原则的疲软教育体系，并找到他自从青年运动时期以来一直关注的教育问题的潜在答案。作为一名媒体从业者，本雅明不仅创造了一种教学实践理论，而且创造了面向年轻观众而将教育和娱乐结合在一起的实际节目。本雅明开始将无线电广播视为一种可能的媒介公共领域，在这种领域中，他可以扮演并充当公共知识分子的角色。正如我们将在第三章中所看到的那样，本雅明的无线电广播涵盖了各种风格、形式和主题，包括游记、书评、文化史（例如玩具的历史）和信件收藏。他在1926年12月至1927年2月期间的莫斯科之旅通过他的电台谈话（《俄罗斯青年作家》）和日记（《莫斯科日记》）进行了宣传。1932年纳粹夺取政权后，左翼和犹太裔的导演和制片人都被解雇了。本雅明是最早一批离开的：他离开了在柏林的无线电工作并流亡巴黎。

媒介批评家

本雅明知识分子实践的最后一个化身涉及他试图创

造一种新的批评模式。本雅明认识到,大众媒介的新时代需要重新将批评家的任务概念化,其中审美范畴和判断被揭露为政治的,并且从属于政治。在致肖勒姆(Gershom Scholem)的一封信中,本雅明强调需要一种新形式的批评:"问题在于文学批评在德国不再被认为是一种严肃的体裁,50多年来一直如此。如果你想在批评领域树立声誉,那么这最终意味着你必须将批评重新创造为一种体裁。"(C,359)在20世纪30年代,本雅明致力于提出一种另类的批评形式,与不断变化中的沟通性质相对应,并重点关注艺术、媒介和政治领域中最激进的试验。这些将是他对媒介理论最独到而知名的贡献,时至今日仍然是激烈讨论的主题。本雅明关于摄影、电影、广播、戏剧和受众的著作经常被视为他对美学和政治的原创研究。这些著作受到许多遭遇和经历的启发。布莱希特对技术进步的积极适应也促使本雅明考虑知识和文化实践的确切物质条件。在超现实主义、包豪斯和俄罗斯实验电影制作等各种前卫运动的作品中,本雅明认识到了欧洲知识分子生活的新时刻,这个时刻将审视迅速发展的媒体和文化生产的技术设备。正如我们将在第四章中看到的那样,在这些运动中,本雅明看到了人文启蒙运动这一规划最终消亡,而尚未完全形成却可识别的新革命集体主体正在出现。媒介批评家的角色被视为革命政治的先驱,而在一个彻底改变的文化领域中,公众将作为分心却具有批判性的观众而占据舞台的中央。

重构本雅明

关键作品

《创造其标记的局外人》(1930年)
《评克拉考尔的〈雇员们〉》(1930年)
《布莱希特》(1930年)
《与阿多诺有关〈巴黎,19世纪的首都〉的通信》(1935年)
《与阿多诺有关〈波德莱尔笔下第二帝国的巴黎〉的通信》(1938年)

虽然教职论文的失败意味着本雅明之于德国学术体系仍然是一个局外人,但他也能够与其他一些知识分子、作家和艺术家建立并巩固联系。他是魏玛知识界和文化环境的重要组成部分,即使没有其他原因,自由作家的身份也迫使他必须培养一个庞大而广泛的同事网络,以使他可以从中获得报酬。作为一名文学生产者要在经济上"独立",需要与编辑、出版商和其他记者保持密切且持续的关系。我们不应该接受本雅明是某种孤独学者的浪漫观念,仿佛他从学院中脱离出来,孤独地制作天才作品,没有朋友和同事。例如,曾在西南德国广播电台工作的恩斯特·肖就在本雅明短暂的广播事业中发挥了重要作用,而先后在法兰克福和柏林任《法兰克福报》编辑的齐格弗里德·克拉考尔也是如此。如果没有合适的同事和朋友,那么本雅明在整个20世纪二三十年代只靠他自己的打字机维生将是不可想象的。

我建议可以根据本雅明一生发挥作用的许多相互竞争的哲学、文学和文化影响来界定他的思想。理解这些思潮的一种方法是通过本雅明的四个最亲密的朋友、伙伴来进行思考,每个朋友或伙伴都对本雅明施加了一种引力,吸引他朝向他们各自的智识轨道,但却从未完全纳入或排除他人。

这些引力中的第一个也是延续最久的来自他最亲密的朋友,数学家和犹太学者哥舒姆·肖勒姆。虽然本雅明与肖勒姆的关系中,关于到底是谁在影响谁这一点并不是很清晰,但人们普遍认为,肖勒姆在刺激和鼓励本雅明对犹太教神秘的弥赛亚传统的终生迷恋中发挥了绝对的基础性作用。[1] 从最早的关于语言、经验和命名等主题的著作,到最后的作品——1940 年的文章《论历史的概念》(On the Concept of History),本雅明以高度原创和挑衅的方式借鉴和重写犹太教的神学和卡巴拉主题(cabalistic motifs),质疑世俗和理性主义的世界观。例如,就语言而言,正如我们将在第二章中看到的那样,本雅明热衷于反驳将词汇和名称视为其指称对象的任意指示符的观念,并假定必要而如今已经失去的完美语言是亚当的命名(Adamic naming)。词与物之间关系的任意性是以索绪尔为代表的符号语言学的特征,这对本雅明而言并不是语言的条件,而是堕落的人类语言。本雅明思想中最独特且最神秘的一个方面就是这种对今天看来模糊且神秘的神学范畴和概念的关注。

第二个主要影响来自西奥多·阿多诺。阿多诺是本雅明在法兰克福社会研究所的主要联络人,他们的友谊开始于20世纪20年代中期,两人的通信包含了20世纪30年代塑造本雅明关键文本的一些最重要的讨论。例如,《技术复制时代的艺术品》与《波德莱尔笔下第二帝国的巴黎》。阿多诺将本雅明从肖勒姆那受神学启发的主题中拉到更多地汲取德国哲学传统中的唯心主义和唯物主义,特别是马克思主义辩证法的方向上。阿多诺一直对总体性的概念持怀疑态度,并强调媒介是社会的经济基础与其文化和美学表现之间复杂关系的一种概念化。[2]例如,艺术品不应被理解为仅仅是占据主导地位的生产力的反映,而是涉及多种程度的中介和转变。本雅明没有分享阿多诺对大众媒介、好莱坞电影和流行音乐的负面看法,而是开始寻找革命的瞬间和开发新技术设备的可能性。正如我所说的那样,本雅明曾为文化工业(广播和报纸)工作,而阿多诺如此迅速地谴责文化工业背叛了艺术、文化和启蒙运动。

事实上,本雅明对大众文化和媒介的批判性理解更接近于第三个人物——齐格弗里德·克拉考尔。克拉考尔对城市的现象学、日常生活的具体表现以及流行娱乐都非常感兴趣。克拉考尔还展示了为了从他所看到的现代的精神流浪状态和意义的缺失中拯救出来而重建这个日常世界的救赎关注。20世纪二三十年代,克拉考尔自己的著作描绘了一种现代性的黯淡视野,这个世界已经失去了超越性的概念,但仍然保留了通过胶片摄影机的义肢工作来获得全新而独特的接近物质世界的承诺。作为齐美尔文化和都市社会学的门徒,克拉考尔分享了对现代大都市细节的关注以及对其积极和消极时刻的敏感认识。[3]本雅明认为克拉考尔是一个典型的革命性拾荒者,因此也是他自己文本实践中的一个重要而新颖的模型(《评克拉考尔的〈雇员们〉》,SW2,355-357)。

影响本雅明的四位关键人物中的最后一位是著名剧作家贝尔托·布莱希特。布莱希特以"粗暴思考"和教条式的马克思主义路径吸引了本雅明,他将所谓的史诗剧视为对教学法、传播、分心和中断这些概念的重要示范,视为戏剧性或政治性局势突然裸呈的停顿,被识别为且变得具有决定性(《布莱希特》,SW2,365-371)。这种瞬间启迪和政治动员的结构激发了本雅明"辩证意象"的概念,这正是他在《拱廊街计划》中的主要历史原则。令阿多诺感到沮丧的是,布莱希特独特的革命无产阶级教学法和政治标签在本雅明那里也变得非常重要,特别是在本雅明对于集体经验的关注、新政治主体的形成以及意识形态批判的任务这些方面。本雅明在20世纪30年代末的作品对布莱希特的许多核心主题都进行了理论上的改写。

那么,如何描述这四种人对本雅明产生的构成性影响呢?

(1)犹太神学和神秘主义(肖勒姆);
(2)德国哲学传统、美学理论批判、碎片、先锋派和现代主义的概念(阿多诺);
(3)日常都市体验和电影(克拉考尔);
(4)革命教学法、阶级斗争和政治实践的概念（布莱希特）。

简而言之，我们可以说本雅明的作品存在于四种主义的交汇点：弥赛亚主义、现代主义、都市主义和马克思主义。此外，我还想增加第五种——**媒介批判**（media critique）。

在本书中，我将使用"媒介批判"这一术语来描述本雅明独特的媒介和经验观的本质特征，这反映了在各种媒介正在成为大众现象的时代下批评的危机。媒介技术的新形式在20世纪初期出现，加上激进先锋艺术运动推动的实验技术与实践，使人们质疑艺术、文学、品位和美学的既定概念。这个文化转型时期带来了新的挑战和可能性，特别是导致了资产阶级文学批评的危机。在目睹资产阶级文学文化的崩溃的同时，本雅明试图提出一种与媒介文化新世界相对应的新型批判实践和承诺。

本雅明的媒介批判涉及对媒介"美学"的批判性欣赏，而"美学"这一术语在艺术史和电影理论领域中被广泛使用（尽管显得很含糊）。至关重要的是，在本雅明的作品中，"美学"并不是一种精致艺术理论的部分，即试图在艺术品中识别美的本质，相反，它描述了与某种形式的技术相关的感知和感官研究。值得注意的是，美学的希腊认识论词根 aisthētikos 就是指对人类感觉器官的研究。本雅明对电影的关注并不等同于对电影表现和叙事进行文本解释，而是对涉及技术、图像和身体的多个交叉的影像接收过程进行批判性分析。他概述了这个交叉点的一个关键理论问题："电影凭借其震撼效应，倾向于它们接收的形式。在这方面,它也被证明是目前最重要的主题,特别是对于感知理论,而希腊人称感知理论为美学。"(SW3,120)本雅明的媒介批判就感知变化的本质提出了一个更具体的问题:媒介技术在多大程度上扩展了审美体验的可能性,并找回了被异化和分裂的人类感觉器官从而重新组织了新的主体?他的媒介批判旨在把握感知的不断变化的本质和媒介对新公众的建设性作用。

正如我们后面将要看到的那样,媒介批判也引出了本雅明独特的"批判"观念,反映了传播和批评的危机。本雅明不是传统的媒介"理论家",他并不认为媒介是一种结构或制度体系,也没有努力通过数学或定量方法提供对传播技术的功能分析。相反,他从非功能主义的角度来看待媒介,并从他自己独特的唯物主义人类学视角审视了各种传播技术模式与各种形式的人类经验之间的相互作用。本雅明正确地理解到不仅需要在资本主义现代性的普遍政治和经济背景下探索媒介,而且还要关注公共领域的转变,尤其是联系到人类感知和能力的重新配置。

我们应该记住,本雅明的观点新颖而富有争议。这就是它们如此有趣的原因。他可能不会给我们提供明确的答案,但包括技术的作用、身体的经验、空间的组织、注意力集中和分心、传播与信息在内,他所面临的许多问题和主题都是我们在数字技术时代仍然关注的问题。这就是为什么在他去世 70 年后我们仍然需要阅读和理解他的作品。

章节概览

本书旨在提供对本雅明媒介批判的详细重构和分析。它显示了本雅明如何批判性地分析了各种传播技术模式对资本主义现代性的深刻影响,特别是媒介如何塑造人类经验、商品文化、都市空间和政治。有四个关键主题构成了主要章节:传播的危机,媒介化的讲故事,技术上的可复制性,媒介城市。每一章都试图阐明本雅明对特定传播媒介(书籍、报纸、广播、摄影和电影)与相应形式的经验之间关系的描述。

在第二章中,我将从资产阶级文学文化的消亡和公共领域的角度来考察传播的危机。我探讨了本雅明如何将讲故事的衰落与 19 世纪欧洲信息产业的发展联系起来。

第三章侧重于本雅明的媒体实践,涉及他对无线电广播的参与。这将展示他在自己的儿童节目和其他节目中如何试验当代理论问题(例如教育、娱乐和一种电子大众媒介化讲故事的新形式)。

第四章详细介绍了本雅明最著名的文章《技术复制时代的艺术作品》。本章密切关注影像体验的关键主题,比如光晕的消亡、摄影图像的光学无意识以及震惊、分心和触觉。本雅明对艺术和政治的分析将阐明政治景观的复杂维度以及现代媒介时代新公众的形成。

第五章追溯了本雅明的巨著《拱廊街计划》的理论意义,以便我们理解与大都市的城市景观相关的现代媒介。

本章还圈定了一些本雅明为媒介研究而分析传播技术和都市空间的方法论含义。

在结论中,我希望通过与最近的媒介和社会理论家进行简要比较来评价本雅明的媒介批判。借此,我希望澄清本雅明之于当代媒介研究的独特贡献,并帮助读者进一步提出他们自己的批判性探究。

注释:

[1] Gershom Scholem, *Walter Benjamin: The Story of a Friendship* (London: Faber and Faber, 1982). 关于肖勒姆对犹太神秘主义、自由犹太主义和救赎观念的看法,请参见 Gershom Scholem, *The Messianic Idea in Judaism and Other Essays on Jewish Spirituality* (New York: Schocken Books, 1971).

[2] Theodor W. Adorno, 'Benjamin the Letter Writer', in Gary Smith (ed.), *On Walter Benjamin: Critical Essays and Recollections* (Cambridge, MA: MIT Press, 1992), pp. 329-337.

[3] Siegfried Kracauer, 'On the Writings of Walter Benjamin', in *The Mass Ornament: Weimar Essays* (Cambridge, MA: Harvard University Press, 1995), pp. 259-264.

第二章 传播的危机与信息产业

> 现代报纸是城市生活的产物;它不再仅仅是一个宣传和舆论的器官,而是一种流行文学的形式。[1]
>
> ——罗伯特·帕克(1923)

导 论

20世纪初,包括伦敦、巴黎和柏林在内的许多欧洲大都市正在见证着流行杂志、报纸和广播等大众传媒数量的急速增长。知识界将出版业和日报的蓬勃发展与文学和知识活动迫在眉睫的危机联系在一起。无论是哀叹高雅文学的死亡,还是热情拥抱流行文化的新时代,这些对大众传媒影响的主要反应,都融入了资产阶级文化的危机,特别是小说这一在那时仍占主导地位的文学形式。对于本雅明来说,正在发生的文学危机并不是一个全新的现象,而是植根于更深层次的转型过程中——资产阶级沟通形式的崩溃。他对欧洲现代主义,特别是对法国诗人夏尔·波德莱尔(Charles Baudelaire,1821—1867)的深入研究,就试图在城市资本主义文化和传播技术的发展中探讨小说的危机。[2]

本雅明所提出的原始问题是为什么现代读者发现抒情诗难以阅读。与当代文学批评家不同,本雅明寻求的答案是针对资产阶级文学不断变化的物质条件与现代读者之于抒情诗经验的异化:"人们想知道,当**震惊体验**(Chockerlebnis)已经成为常态时,抒情诗如何能够根植于这种**经验**(einer Erfahrung)。"(SW4,318)即使在19世纪中叶电子媒介出现之前,抒情诗就已经被认为是一种过时的文学体裁,引起了人们对文学整体消亡的严肃关切。本雅明对文学公共领域危机的分析揭示了发达资本主义信息产业的动态。资产阶级文学与都市经验之间的差异是自从本雅明与20世纪20年代中期的法国先锋运动——超现实主义接触以来一直关注的重要问题,而这一思想在他1928年的作品《单向街》中得以展现。本章探讨了本雅明对资产阶级传播方式转型的独特路径,重点关注"经验的可中介性"(die Mitteilbarkeit der Erfahrung,SW3,145),这是支撑本雅明关于经验危机的思想的关键概念。在本章中,我将研究三个主要问题:

(1)本雅明对口头文化和视觉文化的比较分析如何解释现代社会兴起的动力?

(2)信息产业对于19世纪文学实践的影响是什么?

(3)我们如何通过分析本雅明对新闻业和激进知识分子文学实践的描述来评估与大众传

媒有关的知识活动的技术属性？

讲故事和小说的危机

关键作品

《论语言与人的语言》(1916 年)

《译者的任务》(1921 年)

《小说的危机》(1930 年)

《相似性学说》(1933 年)

《论模仿能力》(1933 年)

《讲故事的人——对尼古拉·列斯科夫作品的观察》(1936 年)

第一次世界大战期间前所未有的技术战争规模和大规模杀伤性武器的发展使本雅明认识到现代经验的本质发生了深刻的变化，并将经验的可中介性问题置于其研究的中心。他问道："在战争结束时,从战场返回的人是否已经变得沉默,他们在沟通经历上不是更丰富而是更贫乏,这不值得注意吗？"(SW3，143-144)技术战争导致了经验在连贯性和质上都显著破裂,也导致人们传授这种经验的能力显著破裂,在社会和个人方面都如此。很明显在大战的阴影下,过去的经验已经失去,未能融入日常生活导致我们的经验分裂、错位并迷失方向。虽然战争期间经验的质的贬值显而易见,但这实际上是长期文明进程的结果。

经验的概念是本雅明思想中的主要元素之一,即"他分析现代性、哲学、历史和艺术品理论的真正焦点。"[3]本雅明在经验观上挑战两种哲学传统。其一,是**经验**(Erfahrung)的过度理性版本(康德提出的外部社会经验);其二,是所谓**体验**(Erlebnis)的直接性和充分意义(狄尔泰提出的内在生活经验)。通过分析经验的历史和技术条件,他试图避免经验与体验之间传统二分法暗含的缺点。[4]经验的危机表现为经验的萎缩和我们辨别经验的主观能力下降(表现在战后的士兵们身上),这一危机与特定的历史和物质条件相联系。

> 从历史上看,各种沟通方式相互竞争。通过信息取代旧关系,通过感觉取代信息,这反映了经验的日益萎缩。故事是最古老的沟通形式之一,所有这些形式又反过来和故事形成了鲜明对比。(SW4,316)

同样,本雅明试图区分沟通转型中的两种模式:从口头传播到视觉传播,从讲故事转向现代信息和娱乐行业。本雅明在对沟通和人类感觉器官之间关系的分析中比较了这些历史变化:倾听对观察、说对写、无媒介沟通对媒介化沟通、被吸收的集体经验对孤立的个体经验。他通过讲故事的人和小说家之间的类比强调口头和视觉文化之间的对比。

《讲故事的人——对列斯科夫作品的观察》于1936

年 10 月出版,将讲故事的终结作为在历史上与光晕消逝相伴生的现象(本雅明于 1936 年 6 月 4 日致阿多诺的信,ABC,140)。通过将这位俄罗斯小说家视为"精湛的讲故事的人",本雅明在现代沟通危机的背景下确定了四种讲故事的独特属性。

首先,讲故事是"最古老、最匠气的沟通形式",以其口头表述而与其他沟通形式不同。随着时间的推移,描绘当地的事件、传统和旅行。讲故事是口头文化的象征,其中讲故事的经验直接口口相传,代代相传。故事本身总是完全呈现给听众群体并可重复,却不完全可复制,或者用本雅明的术语说,是不完全"可再生"的。其次,讲故事的有用价值是第二个基本特征,一种与共同体日常生活密切相关的价值。它代表了一种沟通形式,取决于实践知识的交流,例如农民交换农业知识。因此,这种沟通的本质在于其传统中所包含的"智慧"和"真理"。再次,来自远方旅行者或长期传统带来的故事标志着讲故事的独特时空属性。古代讲故事的人分为两种类型:要么是"根植于土壤",与时间紧密相关;要么是"行商的海员",与空间相关(SW3,144)。讲故事的有效性在于它的长久乃至永久性,它依赖于讲者和听众的经验之间的连续性。传统起着媒介的作用,使故事的可传播性成为可能。最后,强调共同的集体经验。讲故事的社群特征与其他交流方式的社群特征有着明显的区别,因为它需要讲故事者和听众之间的"经验的同化",这是一种通过相互陪伴才能获得的过程。这种经验交流发生在集体听众和讲故事的人之间面对面的互动中。

本雅明强调，沟通的即时性所带来的集体经验的同化似乎与古希腊哲学家苏格拉底和柏拉图所缔造的传统主张相似。他们将"真实"的沟通归于言语表达并谴责识字，担心这会影响诸如模仿和记忆这样人类的能力。这些古代哲学家称赞对话是教学沟通最有效的手段，同时指责新生的写作文化损害了对意义的欣赏。例如，柏拉图继续将诗人驱逐出他的理想国，因为这些新诗人通过改编传统的诗歌表达产生了一个新的写作风格的诗歌世界。[5]与柏拉图式传统的不同之处在于，本雅明将讲故事视为沟通原型模式的观点涉及更多口述的生理方面，表达为三个关键要素：语言、模仿和记忆。

语　言

在1916年夏天撰写的文章《论语言与人类语言》中，本雅明对比了两种交流的观点：神奇的交流与工具性的沟通。一方面，他努力解开"对语言之秘辛的救赎式挪用"[6]；另一方面，他试图将语言从将之视为不过是传播手段或载体的"工具性观点"中解放出来。[7]在早期阶段，通过研究由哈曼（Johann Georg Hamann，1730—1788）和威廉·洪堡（Wilhelm von Humboldt，1767—1835）所提出的语言哲学，年轻的本雅明开始对探索绝对经验的形而上学本质感兴趣。在从其神话和神学的面相接近语言后，本雅明如此总结道："语言交流了什么？它交流了与之对应的精神存在。这种精神自身存在于语言之内，而不是**通过**语言进行交流，这一点是至关重要的。"（SW1，63）对他而言，观念论语言观的基本问题是认为语言只是中介或传播。这样工具式地应用语言（或"符号学观点"）"将语言贬低为纯粹的工具，使其自身成为达到真正现实的障碍"[8]。

相比经验传达的"方式"，本雅明对语言的洞察较少涉及交流的"内容"和意味着或传播了什么。在他超越视语言为工具的观点的努力中，他将讲故事视为一种原始的沟通形式，在其中沟通的实体不仅仅被理解为"故事的内容"，更被理解为故事讲述者无中介的总体经验。讲故事中隐含的主要特征是它能够促进听众之间的羁绊，这是通过诸如听与说这样的物质行为来实现的。本雅明强调了语言的发声属性，将现代沟通的危机归因于书面语言的中介。视觉传播的兴起，例如小说的诞生，标志着从语言的感性和发声的性质转变为写作和阅读的符号与非感性特征。讲故事属于感官传播模式，而小说则反映了语言的符号性和工具性。然而，他既没有呼吁恢复语言纯粹的质，也没有呼吁塞缪尔·贝克特（Samuel Beckett，1906—1989）等一些现代主义作家所倡导的绝对沉默。[9] 在本雅明看来，语言的工具性和神奇性都不能为沟通的危机提供解决方案。他更加关注现代传播技术如何能够像原始口头文化中所体现的那样，引起多感官的沟通。

模　仿

经验危机也标志着模仿的萎缩。模仿的概念（来自希腊语 *mimeisthai*）通常指的是现实世界或自然界的完满、表现或模拟。为了强调协商行为的方面，本雅明倾向于使用模仿这一术语，或者经常使用模仿能力。本雅明认为模仿最重要的特征不是模拟,而是客体与主体之间以及自然与感知之间的沟通回应。例如,玩耍的孩子不仅仅是"模拟"一架飞机或一块岩石,而是试图"成为"飞机或岩石。法兰克福学派的成员倾向于将艺术和文学的真经验之衰落与科学和技术的主导力量联系在一起。在他们对启蒙运动的激进批判中,阿多诺和马尔库塞都认为,现代科学中对自然的征服所带来的激增的抽象过程已经导致了模仿的衰落。像阿多诺和马尔库塞一样,本雅明将他对模仿能力的思考与柏拉图式或亚里士多德式艺术品的模仿或审美仿真的观念联系起来。本雅明关于模仿能力的观念借鉴了"模仿更广泛的人类学、心理学、社会生物学和语言哲学思潮"[10]。正如汉森所恰当地强调的那样,本雅明的模仿能力应该涉及的"不是一种表象的范畴而是一种关系的实践",即"一种产生相似性的过程、形式或活动"和"一种涉及与感知和认知有关的感官、身体和触觉形式的接触世界的模式"[11]。本雅明通过模仿理论建立的交流思想不像是客观世界的反映或中介化呈现,而是自然与感性身体之间的相互对应。

在《论模仿能力》(1933)和《相似性学说》(1933)中,本雅明特别强调模仿能力在现代工业社会的历史和技术背景下随着时间的推移而日益萎缩:"这种变化的方向似乎取决于模仿能力日益显著的脆弱性。显然,现代人的**感官世界**(Merkwelt)仅包含古代人所熟悉的神奇的对应物和相似的最小剩余。"(SW2,721)然而,与希腊古代哲学家不同,他并没有要求恢复讲故事者和熟悉原始口头文化的观众之间的神奇对应。相反,他更有兴趣寻求在新的传播技术的帮助下恢复弱化的模仿能力的方法。

记　忆

现代工业社会中模仿的衰落也与记忆的退化密切相关。自古以来,记忆一直是讲故事的一个关键特征。故事代代相传,深深地依赖于讲故事者和听众的记忆力,并以集体经验的同化为基础。正如法国哲学家亨利·柏格森(Henry Bergson,1859—1941)在他的开创性著作《物质与记忆》(Matière et Mémoire,1911)中所论述的那样,记忆在身体感知中得以实现。本雅明受到柏格森这一思想的影响,认为讲故事中的记忆涉及触觉、听觉和嗅觉等多种感官。在本雅明看来,法国小说家普鲁斯特(Marcel Proust)在现代社会的物质条件下,将柏格森对于经验的历史观点加以尝试。普鲁斯特的作品特别是《追忆似水年华》(À la recherche du temps perdu)在社会学层面吸引了本雅明的注意:"普鲁斯特对势利的分析,这比他对艺术的吹捧更为重要,构成了他社会批判的高峰。"(SW2,243)通过将柏格森的经验置于"记忆"而不是"自然"中,普鲁斯特提出了两种记忆:自愿的和非自愿的。

据普鲁斯特说,一方面,自愿记忆是智力功能中的统一记忆,它只能再现过去有意识地、专注地且在智识上所获得的印象;另一方面,非自愿记忆涉及生理、情绪、情感和神经的维度。普鲁斯特强调,非自愿记忆的作用在《追忆似水年华》吃玛德琳蛋糕的片段中得到了很好的体现。叙述者有意识地试图回忆他在贡布雷(Combray)的童年却徒劳无功,但是,浸透在茶中的玛德琳蛋糕的味道却生动地将他带回过去。通过这个时刻,普鲁斯特表明,过去超出智力范围之外,并存在于某些物质对象或碎片中。在《拱廊街计划》中,本雅明表露出他打算利用普鲁斯特对觉醒的描述,那是"阅读梦的意象的关键时刻"(AP,912)。正如这一事件所影射且由麦克科尔(McCole)所描述的那样,普鲁斯特笔下非自愿记忆的独特标志,包括了自发、琐碎、即时、前语言和感官的体验,存在于"能够让现在的感觉唤起了早期失去经验的短暂对应"[12]。本雅明注意到,通过挖掘自己的童年,普鲁斯特确定了可以在当代恢复讲故事者形象的手段。从经验的可传递性式微这一角度来看,非自愿记忆的范围狭隘地局限于大都市环境中孤立而私人的个体记忆,其在形成集体主体性中扮演的角色越来越多地被现代技术所取代。[13]讲故事需要多重感官和集体交流,而印刷术的诞生象征着讲故事的衰落。书籍的广泛应用随之而来,为现代社会中单一感官传播的主导地位提供了条件。

作为"现代主导的史诗形式",小说加速了讲故事这些核心特征的丧失。故事讲述者和他的记忆被"牛顿时代和小说的现代时间性"所破坏。[14]本雅明通过引述德布林的评论强调印刷对口头文化的破坏性影响:"这本书讲述了真语言的死亡。最重要的是,语言的创造性能量不包括只能写作的史诗作家。"(SW2,300)当然,本雅明所谓的"真语言"指的是嵌入讲故事的生理多感官维度。书籍的工业化和普及用印刷媒介取代了传统的社会构成作用。在社会层面上,从讲故事向小说的转变与共同体瓦解联系在一起,这是从集体社区向个人主义社会结构的过渡,如果用滕尼斯(Ferdinand Tönnies)的术语来说,就是从**共同体**(Gemeinschaft)向**社会**(Gesellschaft)的过渡,这其中涉及直接个人联系的丧失和抽象形式关系的扩展。这一转变代表了视觉传播的优势。许多媒体理论家,尤其是马歇尔·麦克卢汉(Marshall McLuhan),通常把现代社会描述为古登堡银河,即以印刷技术为基础并以眼睛为中心的时代。[15]根据这种观点,视觉感知的主导地位只有通过印刷术的发展及其导致的公众识字率上升才有可能实现。[16]作为后来媒介理论家的先声,本雅明的文章《小说的危机》(1930)作为德布林的小说《柏林亚历山大广场》(*Berlin Alexanderplatz*,1929)的书评,以一种与麦克卢汉相似却更为微妙的方式分析了讲故事与现代小说之间的关系。本雅明通过强调交流主题的特征,让讲故事者与小说家这两种交流形式以及从集体听众向孤独读者的变化形成了鲜明对比。本雅明将现代小说的出现与工业资本主义成长期中的中产阶级这一新兴社会主体的抬头之势联系在一起。

> 小说的开端可以追溯到古代,历经几百年才遇到不断发展的中产阶级,而后者的元素有利于小说的繁盛。随着这些元素的出现,讲故事开始逐渐退出历史舞台。确实,在很多方面,它掌握了新材料,但并不是真的取决于它。(SW3,147)

小说家为私人化的主题写作,他不再通过社区关系与社会其他成员联系在一起,而只是通过日益复杂和理性化的传播媒介保持联系。小说家确实是"孤独、沉默的人",与人们及其行为脱离。[17]无论是写作还是阅读小说,都是个体公民和中产阶级的成员开始扮演主要角色,而小说的核心也是个人的道德心理学。《堂吉诃德》《汤姆·琼斯》《大卫·科波菲尔》《简·爱》《无名的裘德》《安娜·卡列尼娜》《包法利夫人》《高老头》,随便举几个例子,人们就能从一系列著名欧洲小说的标题中看到早期现代的小说在伸张个体性,这反映了私人经验的孤立。

本雅明对小说崛起的描述与匈牙利作家和马克思主义哲学家乔治·卢卡奇对西方社会的激进文化批评有关。[18]20世纪20年代中期,本雅明开始对马克思主义文艺理论产生兴趣,特别是卢卡奇的重量级作品《历史和阶级意识》(1923)中意识形态和商品拜物教的理论。而卢卡奇的开创性文学作品《小说理论》(1920)是本雅明在工业社会兴起的背景下对资产阶级文化进行社会批判的重要资源。在《小说理论》中,卢卡奇将小说作为现代文化的象征,而在这个"超验的无家可归"的时代,生活的总体性不再显而易见。卢卡奇对现代文化的悲观描述受到德国古典社会学家马克斯·韦伯(Max Weber,1864—1920)的影响,是韦伯将理性化和官僚化的必然性类比为"铁笼"。这个类比说明了以下事实:在一个理性化却碎片化和个体化的社会中,生活的意义变成一个问题并难以理解。[19]对于卢卡奇来说,小说是最适合这个没有灵魂而肮脏的资产阶级文明的审美形式。卢卡奇将小说描述为"先验的无家可归"的形式指的是生活总体性崩溃所导致的情况,其中支撑口头传播传统规则的共同体被打破。至于对包括斯宾格勒(Oswald Spegler)和托马斯·曼(Thomas Mann)在内的许多当时的文人雅士们而言,无论是保守的反动派或是激进的左翼分子,都认为本雅明对资产阶级文化的批判性分析与卢卡奇对资本主义文化的某种浪漫批评有一些共同点。然而,两者却存在着重大差异。在本雅明看来,虽然通过传统和讲故事获得的集体经验与历史和社会经验的转变联系更紧密,但小说的主观经验意味着私人和个体的经验。卢卡奇则相信小说在挽回生命总体性方面的救赎作用,却并没有就在经验的核心深深地分散、孤立和主观化的情况下,**如何**实现社会的整合提供令人信服的解释。卢卡奇的浪漫主义观点几乎没有对资产阶级交流方式基础之崩溃的物质条件给予关注。本雅明则不依赖于浪漫主义者的救赎呼唤或历史的目的论观点,而是试图揭示传播技术所阐释的新主体的物质条件。在这一点上,本雅明与传统的人文主义思想家(如斯宾格勒和托马斯·曼)和包括卢卡奇在内的浪漫主义理想者都大相径庭。本雅明发现了一种文学实践的新逻辑,在向着与信息产业紧密联系的大众文化的转变中开始了新社会主体的成长。

报纸与信息产业

关键作品

《新闻业》(1927年)

《出版业批判》(1930 年)
《报纸》(1934 年)
《波德莱尔笔下第二帝国的巴黎》(1937—1938 年)
《论波德莱尔的几个主题》(1940 年)

信息产业的兴起

本雅明对信息产业支配地位的分析反映了资本主义制度的发展阶段。虽然小说的出现伴随着工业资本主义初期新兴中产阶级的崛起,但报纸的快速发展表明了发达资本主义制度下中产阶级的优势和大众传媒扩张的高潮。在本雅明看来,信息产业的兴起与社会阶层和大众的分化有着千丝万缕的联系。

> 另一方面,我们可以看到,随着中产阶级的完全支配(充分发展的资本主义将新闻作为其最重要的工具之一),出现了一种交流的形式,无论其起源多么古老,都从未如此决定性地影响史诗形式。但如今确实发挥了这样的作用。而最终它面对讲故事的时候就像小说一样,宛如陌生人,甚至以一种更加危险的方式面对讲故事,而且,它带来了小说中的危机。这种新的交流方式就是信息。(SW3,147)

19 世纪初出版业的快速发展是加速文学实践产业化的决定性因素。在当代传播研究中,与知识区别的"信息"概念与 20 世纪中期资本主义的后工业特征有关。[20]

然而,本雅明作品中的信息概念是在19世纪欧洲的报业和出版业这一特定历史背景下被使用的。作为早期工业社会不可或缺的组成部分,信息是一种新的交流形式,是一种"如实传达事件"和事物纯粹本质的报告,而且与故事不同,不被日常生活或传统所吸收(SW4,316)。本雅明从19世纪广泛使用的八卦(gossip)概念中得出了信息的关键特征。八卦是一种在咖啡馆、沙龙和林荫大道上传播的新闻。在文学圈子内,信息的概念被用来表示无价值的故事或知识的一部分。本雅明也不无贬义地用信息来反映被剥夺了生活之深刻的量化经验。

对信息产业兴起的这一重要洞察的核心在于,尽管信息量明显增加,但随着时间的推移,知识的质量在整体上变得越来越差。本雅明强调:"每天早上我们都会收到来自全球各地的新闻,但我们在这些值得关注的故事中表现不佳。这是因为现在没有任何事件是在没有以解释进行拍摄的情况下呈现给我们的。换句话说,如今几乎没有发生任何有益于讲故事的事情,几乎所有的一切都有益于信息。"(SW3,147-148)在20世纪初期,报纸上的自由主义观点并不是线性的,而是侧重于不同的主题。一方面,那些语用学传统的哲学家,比如约翰·杜威(John Dewey,1859—1952)或赫伯特·米德(George Herbert Mead,1863—1931),将信息视为"一种自我否定的体裁和自我放纵的故事"[21]。另一方面,那些与早期政治传播研究密切相关的理论家,比如沃尔特·李普曼(Walter Lippmann,1889—1974)和哈罗德·拉斯韦尔(Harold Lasswell,1902—1978),赞扬通过大众传媒传播信息,视之为舆论和协商民主的强势发展。[22]与同时代的自由派思想家不同,本雅明已经指出了信息产业的失灵以及舆论生产的危险。值得注意的是,作为一位高雅的文学评论家,本雅明把语言的恶化和小说的堕落归咎于报纸:"几乎不可能在书写信息的历史时忽略新闻报道之腐蚀的历史。"(SW4,13)这是经验的传播性迅速萎缩的主要症状。他对信息产业功能不屑一顾的观点与启蒙传统的核心原则相悖,而启蒙运动将不断增长的知识水平与文明的进步联系起来。在对文化工业的意识形态批评中,霍克海默和阿多诺揭示了启蒙运动的破坏性特征是集体欺骗。[23]在同一脉络上,本雅明揭示了信息产业发展的矛盾后果,并更进一步去解决现代工业社会中社会经验和交流在质上极度萎缩的问题。讲故事的可靠性要拜古人所赐的传统的智慧,而信息仅仅声称提供可证实性。信息的基础是"新颖、简洁、清晰以及最重要的各个新闻主题之间缺乏联系"(SW4,316)。信息的时效性反映了现代工业社会的关键特征,其中包括分散、瞬间和短暂的性质。因此,信息不会成为传统的一部分,也不会与日常生活同化。同样,阅读报纸加速了现代大城市中"脱离语境"的空洞经验,也就是都市中产阶级对商品的空洞消费。[24]

资产阶级公共领域的衰落

本雅明关于资产阶级文化解体的文章体现了知识作品在1852至1870年拿破仑三世治下的法兰西第二帝国期间如何受制于信息产业,进而导致了文学领域的崩溃。受到诸如期刊杂志这样的大众传媒的吸引,高雅的文学文化开始急剧变化。通过关注报业的快速发展及其对巴黎咖啡馆生活的深刻影响,乃至由此导致的资产阶级公共领域之衰落,本雅明引出了媒介与都市文化交叉的问题。是哈贝马斯将公共领域的概念定位于媒介、资产阶级文化和协商民主的讨论中心。他的奠基之作《公共领域的结构转型》(*The Structural Transformation of the Public Sphere*, 1962)重新评估了出版业在现代欧洲早期从绝对主义向自由民主政体转型期间发挥的关键作用。[25]通过分析政治传播发生的舞台,这部作品阐明了印刷媒体以及咖啡馆和沙龙这样的公共场所,对公众舆论的表达以及形成对传统社会的理性和批判态度所作出的重要贡献。

在某种程度上,本雅明以一种比哈贝马斯的视角更为细致的方式预知了资产阶级公共领域在信息产业的崛起中所扮演的建设性角色。本雅明专注于咖啡馆所发挥的"路边社"的角色,在大众传媒被广泛应用之前,信息交流和公众讨论就是在咖啡馆里发生的,但同时,也是一种表达情感和审美沟通的新形式以流行和消费文化表达出来的公共空间。[26]当报纸仍然是很少人购买的奢侈品时,信息的传播往往依赖于咖啡店常客们的口头咨询。咖啡馆虽然绝不是 19 世纪的发明,但却成为 19 世纪巴黎文化的基本体制。咖啡馆代表了由法国大革命释放出来的"社会性"的具体表现和焦点——对公共事务的高度关注以及与他人动态交流的渴望。[27]

本雅明还把资产阶级文化的崩溃与公共领域内信息的市场化和商品化联系起来。他将三个关键创新归功于报业的巨大变化:报纸订阅成本的降低、广告的增加以及专栏内的连载小说的重要性日益增加(这部分被欧洲报纸用于消遣小说和普通娱乐的评论;SW4,13)。在大型报社数量激增后不久,报纸开始需要广告收入以抵消随着流通和竞争的增加所导致的订阅率降低。1828年7月在法国引入的自由立法使得更广泛的读者可以接触到日报和期刊。这些变化导致报纸承担了一定的财务义务,并制定了基于广告和大众流通的新战略。对于本雅明而言,没有任何东西比当时流行杂志的一个片段更好地说明了订阅和广告成本之间的关系:"我们将采取什么措施来支付新费用?"报纸问道。"恩,你们会登广告",有人如是作答[AP(U9,1),585]。在本雅明看来,报纸广告的出现对于技术、市场和公众之间关系的变化至关重要。因此,如今四分之一页面已经变成登载着许多必要广告的公告栏,只有让尽可能多的订阅者看到这些内容,报纸才能保持竞争力。

继报业的这些重大创新以及电报的引进之后,"如今可以从世界各地获得事故和犯罪的新闻"(SW4,14)。个人开始利用报纸价格的降低,现在报纸不仅涵盖了比任何其他来源更广泛的信息,而且还在活动结束后很快发布了报道。这些创新阻碍了公民为了接收和交换信息访问咖啡馆和诸如广场这样的公共场所,从而加速了个人的私人化和隔离。无论他们的私人观点或政治观点如何,报业都试图辐射到这些新读者群体。这鼓励了报纸的功能从进行严肃政治辩论的公共论坛转变为充满八卦和文化信息的娱乐空间。信息产业成为耸人听闻的娱乐业。

信息产业的商业化也加速了19世纪资产阶级文学

领域文学实践本质的变化。本雅明特别关注专栏的发展。他强调，报纸通过小说连载完全涵盖了文学。报纸甚至还吞噬了文学：通过关注 19 世纪 40 年代两位最受欢迎的法国作家大仲马（Alexandre Dumas）和欧仁·苏（Eugène Sue）的例子，本雅明仔细审视了连载对作者地位的影响。[SW4，14/AP（U8a，3），585]。《波德莱尔笔下第二帝国的巴黎》中的文章《闲逛者》开始揭示作者与市场之间的紧密联系："一旦作家进入市场，他就像在全景画中一样环顾四周。一种特殊的文学体裁抓住了作家首次自我定位的尝试。这就是全景文学的体裁。"（SW4，18）正如我们将在第五章中所看到的那样，这里的全景图代表了现代娱乐业的原型，其中感知的主要属性在于震撼体验和集体观众的分心。在耸人听闻的大众文学成长的背景下，本雅明强调人类感觉器官的显著差异，这种差异源于细致阅读小说，而不是在阅读时分心。德国哲学家黑格尔（G.W.F.Hegel，1770—1831）曾经说过："阅读晨报是一种现实的早祷。"这表明早期报纸的体验基于定期和日常的细心思考，就像祈祷一样。然而，即使只是到了 19 世纪中叶，阅读一份在大众中流传的报纸也与一种与祈祷完全不同的体验形式有关。正如伯曼所指出的那样，市场扩张不仅导致了"文学公众的分化"，而且导致了文学机构所表达的"社会关系的去人格化和客体化"，以及"写作的去主体化"[28]。在阅读报纸时，读者更像是作为消费者在"购物"，而不是专注于故事。连载小说不适合私人空间中的文人，它吸引了大城市街头的公众读者。图书自身的传统形式开始发生变化。在大城市文学中,"不起眼的平装口袋书"开始在街上贩售(SW4, 18)。对书的态度也根据其社会地位而改变。报纸读者将文学视为"娱乐、保持活力和深化社会性的工具"(SW2, 290)。例如,随着向专栏作家支付的稿酬增加到每行两法郎,"作者通常会写尽可能多的对话,以便从行间的空白中获利"[AP(U9a, 1), 586]。本雅明对专栏出现后作者地位变化的分析强调了文人的衰落,即小说家的死亡。在一个报纸意味着文学、名望甚至成功的时代,这变得"必须",并且不再是以前曾经存在的"可选择的额外"——"在每一张可怜的废纸由成千上万副本发行的时代,名望是一种累积的条件。很简单:作家越不成功,他的作品就难读到"(SW2, 145)。本雅明将文学去神秘化,并通过将文学展示为区区商业的大众产品来驱散资产阶级文学公共领域的光晕。同样,在本雅明看来,文学领域中专栏的增长加速了文学与出版业的融合。

公共领域中的闲逛者

本雅明对**闲逛者**(flâneur)的著名描述主要集中在一个新的社会主体的兴起,这个主体在都市商品文化急速发展的背景下被赋予了新的感知模式。闲逛者的概念是由波德莱尔和爱弥尔·左拉(Émile Zola)等作家在19世纪建立起来的,主要是指城市街道上和商店里游手好闲的人。本雅明对闲逛的兴趣深受他的密友兼合作者弗朗茨·黑塞(Franz Hessel)的影响。黑塞对闲逛最重要的特征描述如下:

闲逛是一种对街头的阅读,街道里的面孔、柜台、橱窗、露天咖啡馆、有轨电车、汽车和树木成为大量与字母表同样有效的字符,它们共同产生了一本常新之书的词汇、句子和页面。为了进行闲逛,人们必须不事先在脑海里笃定任何事情。[29]

虽然它具有各种细微的意义和用法,但闲逛的核心特征是一种新的行为和感知形式,包括观察那些由新都市空间与媒介技术所创造的景观。对这一系列观察的有效交流与都市消费空间和娱乐业的兴起及建立密不可分。这一都市景观提供了一个庄严却商品化的公共空间,让闲逛者深陷其中,这就是诞生波德莱尔诗歌的大都市空间。对于本雅明来说,波德莱尔真正了解文人在信息产业时代的真实状况——站在市场中顾影自怜。值得注意的是,本雅明(尤其)将闲逛者用作信息产业时代记者的模型。从其早期的写作开始,波德莱尔就对艺术世界不抱幻想。也难怪深知文人真实前景的波德莱尔经常将包括他自己在内的作者描述为"娼妓"。波德莱尔对商品化作家的思考给本雅明留下了深刻的印象,并以此为基础建立起他对受教育中产阶级之衰落的批判性描述。在此,本雅明说明了作家只是一个文学工作者和一个文字匠人,创造性天才的概念完全受到破坏,作者的真实本质被残酷地显现出来。

值得注意的是,本雅明认为新闻行业是"闲逛的社会基础"[AP(M16,4), 446]。这就是本雅明对大都市生活和媒介的交叉与城市主体的现象分析中的独到之处。记者—闲逛者是都市的观众或都市生活的"相面师",将大都市空间视为一个娱乐景观,同时也视之为文本。波德莱尔将巴黎描绘成一种"眼睛的盛宴",将闲逛者描绘成"具有意识的万花筒"(SW4,328)。消费文化的兴起通过为其提供视觉娱乐而让他们表现得像公共空间中一种新的社会形象。正如我们将在第五章中所看到的那样,虽然街道上的闲逛者的存在可能与诸如拱廊街这样的商业空间之增长有关,但是其衰落却被快速的城市规划加速了,特别是在奥斯曼改造巴黎城之后。同时,百货商店产生的大众消费文化之兴起也是重要原因。

这个闲逛者的形象也与侦探的形象相吻合,以美国诗人和编辑爱伦·坡(Edgar Allan Poe,1809—1849)笔下的侦探杜邦为例,他在《莫尔格街的谋杀案》(1841年)、《玛丽·罗杰之谜》(1842年)、《失窃的信》(1844年)、《人群中的人》(1840年)这些故事中扮演着无形观察者的形象。记者、闲逛者和侦探都在这丛林般的大都市中享有猎人般的特质。像对闲逛者一样,本雅明特别强调记者在人群中漫步的方式:"记者急切地向闲逛者学习后者在人群中移动时表现出来的技巧和冷漠。"(SW4,322)

波德莱尔和本雅明都在康斯坦丁·吉(Constantin Guys,1802—1892)和奥诺雷·杜米埃(Honoré Daumier,1808—1879)这两位法国漫画家那找到了记者—闲逛者观察方式的原型。波德莱尔关注发行量极大的英文期刊《伦敦新闻图报》(*The Illustrated London News*)上康斯坦丁·吉为克里米亚战争拍摄的快照。波德莱尔评论说,他已经能够"阅读"一份"关于克里米亚战役的详细报道,比其他任何我所知的报道都要好得多。"波德莱尔称赞康斯坦丁·吉是"现代生活的画家"[30]:"任何能够在人群中无聊的人都是傻瓜。我重复一遍,傻瓜,还是一个可鄙的傻瓜。"(SW4,19)对于波德莱尔来说,康斯坦丁·吉的图像证实了他将现代性描述为"暂时的、逃亡的、偶然的"[31]。

当康斯坦丁·吉以忧郁的角度将资产阶级公众描述为"无害"和"完美的友善"时,奥诺雷·杜米埃以一种更讽刺的方式展现了都市的日常生活。对于波德莱尔来说,杜米埃能够回应娱乐公众的日常要求,不仅在漫画领域而且在"整个现代艺术"中也是"最重要的艺术家"之一。[32]在本雅明看来,杜米埃最后在日报中为城市相面师提供了系列图像,而公众可以以一种前所未有的规模接触到这些图像。这些新读者包括"资产阶级、商人、顽童和家庭主妇,都笑着一扫而过,往往甚至都没瞥见他的名字——多么忘恩负义!"[33]杜米埃"用作品《长胡子的老鼠》(Ratapoil)讽刺支持波拿巴主义的流氓无产者"[AP(b1,9),741],他提供的形象既不具有侵略性也非苦涩,但对报纸的读者来说具有恶趣味。

值得注意的是,以康斯坦丁·吉和杜米埃为代表的记者—闲逛者,不仅仅是一个观察者或解读者,而是作为文学和新闻文本的生产者而发挥更为复杂的作用。关键的区别在于记者的观察基本上与文本的生产有关,而闲逛者的视觉愉悦则与对这一文本的消费有关。矛盾的是,记者通过在报纸这样的媒介空间中提供媒介化的闲逛来削弱闲逛者,而城市居民通过记者的眼睛来体验都市景观。这种媒介化的闲逛不仅引起了观察者的警觉,而且分散了阅读信息和都市景观的注意力。[34]

本雅明对记者－闲逛者的描述也关注其在文学产业市场中的商品地位:作家－商品。在发达资本主义时代,观察城市并将其作为文本阅读的记者不能从市场中脱离,必须将他的信息作为商品来生产和销售。接着,他自己终于也变成了商品。记者是有偿闲逛者的原型,位于作家和广告商之间。[35]文人和记者之间的区别仅在于他们不同的感知。记者已经认识到自身作为作家的商品化地位,而文人仍然不愿自我推销(即使他最终注定要出售)。记者是与商品化的闲逛者类似的形象,就像那些身体上挂着广告牌走街串巷宣传的人们,而这些宣传造势的人们也是"闲逛的最后化身"[AP(M19,2),451]。当闲逛者自身商品化时,就到了闲逛的尽头。记者完全转变为商品,也如此成为城市无穷无尽景观的一部分。

大众传媒时代的知识分子

> 主要作品
>
> 《超现实主义——欧洲知识界的最后一景》(1929 年)
>
> 《左翼的忧郁》(1931 年)
>
> 《论卡尔·克劳斯》(1931 年)
>
> 《法国作家的当下社会状况》(1934 年)
>
> 《作为生产者的作者》(1934 年)

卡尔·克劳斯

虽然本雅明对波德莱尔的研究阐述了信息产业对资产阶级文学领域的深远影响,但他对奥地利记者和讽刺作家卡尔·克劳斯(Karl Kraus,1874—1936)的描述却专注于特定问题:新闻实践对语言的不利影响。本文的核心基于本雅明对语言理论的长期兴趣,然而这篇文章也揭示了新闻业的政治和经济维度以及资本主义社会中公众舆论的形成。这篇于1931年在自由派报纸《法兰克福报》上分四期刊登的文章《论卡尔·克劳斯》被本雅明视为他最重要的作品之一。从1899年一直到他去世前不久,卡尔·克劳斯一直担任他所创办的期刊《火炬》(*Die Fackel*)的主编。[36]通过他的激进新闻实践,克劳斯在世纪之交强烈抨击新闻业界对维也纳文化生活的破坏性影响。对于克劳斯来说,维也纳新闻业是建立在"浅尝辄止和腐败"之上的(SW2,350)。文学和文化批评的腐化源于商业化媒体和利益政治的合谋。按照他的激进看法,维也纳报纸只不过是制造公众舆论和随声附和的工具,主要是迎合国家当局的意愿,其次是出于金融和经济公司的利益。个体企业家掌控新闻报道并扭曲了编辑政策,阻碍了独立评论家的成长。在他的讽刺诗中,克劳斯揭开了新闻报道的重压局面并破坏了信息的所有可信性或完整性:

记者

哪张纸还没

找到新闻?
标题已经拟好——
快,去找件事来写!

本雅明同意克劳斯的激进批评,从一开始报纸的制作就与信息的商业价值以及与权力中的政治利益密切相关,总结起来就是:"报纸是一种权力工具。它只能从它所属权力的特征中得出自己的价值;不仅在于它代表着什么,而且在于它的作用,它就是这种权力的表达。"(SW2,440)自沃尔特·李普曼(Walter Lippmann)在1922年对宣传和舆论进行的开创性研究以来,我们如今已经可以看到在媒体饱和的社会中,媒介自身开始从事件、信息和公众感知之间"制造共识"这一基本问题。在年代相近的欧洲,本雅明更加关注克劳斯对公众舆论与语言堕落之间相互作用的激进批评。自由民主主义的基础是客观信息流的标题和所有自由公民参与之下舆论的构成作用,本雅明对这一基础提出了挑战。在《单行道》中,本雅明强调:"对于社会存在的巨大装置而言,意见就是机油;人们不应该将机油从涡轮机上一股脑倒下去;人们必须知道在隐藏的轴承和关节处用一点机油。"(SW1,444)在本雅明看来,克劳斯表明了公众舆论在剥夺个人真实语言和批判性评判上发挥了负面作用,将人们归入了当权派。

"公众舆论"一词激怒了克劳斯。意见是私事。公众只对评判感兴趣。要么是评判着的公众,要么就没有公众。但新闻业所产生的舆论之目的正是让公众无法评判,让其态度潜移默化地变得不负责任、不知情。(SW2,433)

当时政治和文学话语中广为流传的舆论概念表明了新闻业对私人和公共领域之间关系的破坏性影响。对于克劳斯而言,客观报纸是虚幻的,用中立、公共责任或公正的标题掩盖以利益为导向的新闻传播。而且,本雅明还强调,报纸导致语言的去主体化,以"客观性"之名写作。克劳斯的批评表明,信息和舆论已经变成了去人格化和客观化的语言形式。在本雅明看来,克劳斯对公众舆论的批评与他反对区分个人和客观批评有关。新闻业"以品位之名"塑造舆论(SW2,407),剥夺了读者判断和破坏性批评的能力。本雅明强调,克劳斯从未提出过任何不涉及整体个性的意见和论点:"意见是虚假的主体性,可以与人区分开并融入商品流通。"(SW2,439)本雅明笔下意见与批判性判断之间的对立代表了记者和批评家的不同地位。记者倾向于在客观性标题下将意见与判断分开,也就是说,是对自己、自己的存在乃至事物的存在都不感兴趣的作者(SW2,434)。语言的新闻使用有很多装饰性的特点,仅仅构成了一个从日常生活的语境中剥离出来的空白话语。正如妓女只关心没有人际接触的"性",记者则将信息传递给读者以换取金钱。相比之下,批评家帮助读者判断并形成自己独立的想法。本雅明认为:"当你甚至不知道对方是谁时,知道他在说什么就毫无意义。批评家越重要,他就越能避免鲁莽地断言自己的观点。"(SW2,548)本雅明对批评家这一使命的看法源于他对内在批评的独特理解,这是他为了揭示并实现艺术品的不完整意义而自博士论文《德国浪漫主义批评概念》(1919)以来一直在阐述的批评。

在文章接下来的内容中,通过批评克劳斯的激进实践与其保守的语言理论之间的分歧,本雅明与克劳斯保持了距离。他并不满意于克劳斯对公众舆论的激进批判最终有助于保护真实的私人领域免受公共场所影响。本雅明指出,克劳斯过于专注于保护私人领域免受外界"邪恶"的侵害。在本雅明看来,克劳斯对新闻业的批判的保守主义方面根植于他对语言的神话式理解。克劳斯将语言的腐化归因于语言与自然之间的差异所导致的不可避免的过程。在本雅明看来,克劳斯对语言的看法只不过是"柏拉图式的对语言的热爱"(SW2,453),缺乏社会学上的洞察力。克劳斯是一位"反对语言腐化的战士",但同时"只是生活在语言老屋的追随者之一"(SW1,469)。与克劳斯的自然主义语言观相反,本雅明侧重于交流的社会和政治条件。[37]本雅明对理性主义语言观的批评强调了对语言的逻各斯中心主义方法的神话,在其中只有形而上学构成语言学主体和纯粹沟通的可能性。因此,对于本雅明来说,新闻只能被理解为"发达资本主义世界中语言功能改变的表达"(SW2,435)。对于本雅明来说,克劳斯竭力扭转语言的腐化。克劳斯是一名具有批判精神的记者,但不是致力于改变交流的社会和政治条件的知识分子。

大众传媒时代的知识分子实践

从1931年即他撰写《论卡尔·克劳斯》那一年开始，纳粹成为在德国占主导地位的政治力量，本雅明显然开始更关注政治问题，也更加关注大众传媒与知识实践的交叉。本雅明对媒体之于知识分子角色之冲击的分析涉及政治动荡时期的高度政治化和意识形态化的背景。但是，他认为，成功的知识分子实践不是通过改进政治或意识形态主张而是通过逐步适应传播技术来实现的。本雅明在研究同时代的知识活动时特别关注综合技术教育产生的写作的技术化与新公众的崛起，从超现实主义者到布莱希特在内的左翼激进分子。本雅明的文章《左翼的忧郁》在被自由派报纸《法兰克福报》拒绝之后，于1931年刊载于社会民主党的期刊《社会》(*Die Gesellschaft*)上。在该文中，本雅明指出，左翼文学作品仍然深深扎根于诸如个人自由和真实创造力这样的古典人文主义观念，而这些观念早在文艺复兴时期就被阐述出来。对于包括库尔特·图霍夫斯基(Kurt Tucholsky，1890—1935)、瓦尔特·梅林(Walter Mehring，1896—1981)和埃里希·凯斯特纳(Erich Kästner，1899—1974)在内的这些左翼激进作家，本雅明指责他们肤浅地触及表面，为出版业提供商品而不是对抗阶级斗争的武器。本雅明坚称，尽管他们从艺术运动的最前沿激烈批判了资产阶级文化，但他们的著作只不过是"哗众取宠"，因为它们保护了"代理商、记者、部门负责人这些中间阶层的地位利益"(SW2，424)。这些出版物的读者与日报的读者不同。是"被排除在高等教育之外"和"对教育失去信念"的人在阅读报纸或"新杂志"(SW2,653)。事实上,正是左翼出版物吸引着富人并且具有矮化的小资产阶级调调。他们是"悲伤、忧郁的傻瓜,践踏他们道路上的任何人与事"(SW2,426)。作为批评堕落新闻实践的延伸,本雅明强调了左翼激进主义者的文学作品与新闻写作的观赏功能之间的相似性:"从政治上来讲,其作用助长了派系而非党派;从文学上来讲,其作用助长了潮流而非学派;从经济上来讲,其作用助长了代理商而非生产者。"(SW2,424)左翼激进分子只不过是"腐朽的资产阶级模仿无产阶级"(SW2,424),他们的习性源于传统中产阶级知识分子普遍持有的浪漫主义和人文主义观点。在本雅明的激进观点中,他们天真地低估了已建立的社会和文化体系对个体化知识分子的打压力量,并且急切地高估了他们在这一体系中的相对独立性或相对融入性。

在批评左翼的忧郁之后,本雅明开始专注于超现实主义者的作品,他们代表了最激进的欧洲先锋运动之一,试图通过利用先进的传播技术整合生活、政治和艺术的异化社会领域。超现实主义是最早挑战理性/神话、意识/无意识、真实/不真实和自然/文明这些传统二分法的审美实践之一。通过结合神话的辩证法和都市体验,超现实主义者想要解开在平凡的日常生活中体现的颠覆性(且未经教化而野蛮的)能力。超现实主义对写作技术化的试验反对作为语言和交流的理性主义方法的传统人文主义文学实践。本雅明发现他们的作品不能被传统意义上的艺术和文学所掌握。通过创造"示威、口号、文件、虚张声势、伪造"(SW2，208)，它们破坏了资产阶级文学文化的基础，而这些基础是建立在理性的认知交流之上的。报纸带来的新知识活动条件使本雅明更加关注文学实践的技术层面。在短篇《报纸》中，本雅明简洁地阐述了信息商业化加剧和维护写作腐化的方式。为了每天新的刺激而产生"读者的不耐烦"(SW2，741)，读者的伪参与也得到了加强。报纸编辑部为读者的问题、意见甚至抗议活动设立了新的专栏，读者能够在其中表达自己的意见和愿望。他的分析说明了报纸在多大程度上通过读者的参与实现了信息的伪民主化，并成为"文学混乱"而不是理性交流的舞台。然而，相比于包括卡尔·克劳斯在内的那些与他同时代的保守文化批评者，本雅明揭示了隐藏在报纸破坏性功能中的辩证因素。"因为写作获得广度，艺术就失去深度，新闻业以腐败的方式保持了作者与公众之间的分离，就开始以一种令人钦佩的方式克服了这种分离。"(SW2，505)在他看来，报纸在吸收非选择性读者方面的作用产生了"意想不到的后果"。它削弱了作家与读者之间相当大的障碍，进一步摧毁了"体裁之间、作家与诗人之间、学者与通俗作家之间的传统区分"(SW2，772)。通过报纸，普通人的日常生活被描述成报道并呈现给了公众。本雅明将这种转变称为"生活条件的文学化"(SW2，742)。[38]在苏联新闻业中，本雅明看到了一个特殊的例子佐证综合技术教育如何导致知识专业化。然而，他对"生活条件的文学化"的描述并不局限于苏联一隅。相反，这代表了本雅明对传播技术对文化生活形式影响的更广泛描述中的一个要素。本雅明思想中

"技术文明"的突出特点与"文化的平衡"有关,即消除高雅与低俗文化之间的旧界限:

> 社会旧等级制领域的解体刚刚彻底完成。这意味着最高贵和最精致的内容往往沉降到底部,所以视野更广的人可以在不太深入的书写和造型艺术中而非在公认的文化档案中,找到他真正需要的元素。(SW2,255)

作为作家的公众之出现意味着写作不再是一种深奥的鼓舞人心的活动,而是一种流行的文化实践,文学能力现在不是基于"专业培训",而是基于"技术教育",也成了"公共财产"(SW2,742)。仅举一些例子:近年来博客和互联网文学的增长和传播表明写作本身如何成为大众即公共作者的日常文化实践。本雅明并不对这种分化感到遗憾,相反,他揭示了新形成的沟通条件,并展示了报纸如何拓宽集体文化和文学实践的界限。资产阶级文学公共领域的消融也导致了新媒体空间的兴起,大众也被证明是一种多元化的社会行动者,同时充当消费者、观众、公众乃至记者本身。

布莱希特——一位美学工程师

在报纸时代,当公众成为作家时,知识分子成了"生产者",即文学或美学"工程师"(SW2,780),这是本雅明在德国剧作家和诗人贝尔托·布莱希特身上发现的角色。1929年5月,经来自拉脱维亚的布尔什维克戏剧导演和本雅明的情人拉西斯（Asja Lacis，1891—1971）引见，本雅明第一次见到了布莱希特。对于对马克思主义艺术和文学理论越来越感兴趣的本雅明来说，布莱希特是德国文学颓废传统的继承者，融合了法国现代主义精神与苏联的新社会主义文化。本雅明将布莱希特这位作家描述为"将自己从生产设备的供应者转变为一位工程师，自视其任务为使设备适应无产阶级革命的目的"（SW2，780）。[39]题为《作为生产者的作者》的文章是基于他为1934年4月在巴黎法西斯研究所开讲座而准备却未曾使用的讲稿，重新思考了高度技术文化之中知识分子的活动和任务。本文体现了本雅明如何充分运用技术概念超越艺术讨论中形式与内容之间的传统二分法（SW2，770）。本雅明重新阐述了作为艺术品技术特质的意识形态和审美品质问题的两个层面。

> 相比于问"一个作品对于当时生产关系的态度是什么"，我更愿意问"作品在各种生产关系之中的地位是什么"。这个问题直接关系到作品在当时的文学生产关系中的作用。换句话说，它直接关注作品的文学**技术**。（SW2，770）

在此，本雅明的目的是论证，如果没有批判性地考虑它与报纸和广播等大众传媒的关系，艺术品的地位就无法被认识。在读者转变的同时，作者的地位开始在更加技术化的意义上发生变化：其特点变得像"工程师"。广泛接受的"知识分子"概念之核心问题源于其人文主义取向,而未能考虑知识分子在信息生产过程中的地位。作为其对公共舆论批判的延伸,本雅明批评那些试图帮助建立中立立场的知识分子。德国著名作家阿尔弗雷德·德布林(1878—1957)的知识活动就是典型。对于本雅明来说,德布林的知识分子概念与广为流传的知识分子的主导概念几乎没有什么不同,与根据"观点、态度或倾向"所定义的人联系在一起(SW2,773)。[40]这种理解只定位于在无产阶级"之外"的知识分子,预设了一个"恩主和意识形态赞助人"的位置(SW2,773)。相反,本雅明将知识分子置于生产过程"之中"。本雅明反对工具主义语言、技术和媒介观,并以类似的方式批评那些仅将传播技术作为工具的知识分子态度。正如报纸对记者的不利影响表明,在大众传媒时代,知识分子不再具有专门提供知识产品的特权地位,相反,知识分子应该能够使用并利用媒介技术。也就是说,将传播技术"再功能化"。这里的"再功能化"表明,知识活动应该充分采用当前的技术进步,这实质上重新定位了作者的政治倾向:"对于作为生产者的作者而言,技术进步是其政治进步的基础。换句话说,只有超越知识生产过程中的专业化……才可以使这种生产在政治上有所帮助。"(SW2,775)知识分子作为技术工程师的角色反映了他对传播技术的重视高于审美观念。随着"技术教育"之技术条件的发展,公众越来越有可能成为作家、记者和编辑。知识分子与技术之间的关系变得更加紧密,并使他们掌握技术。通过介绍布莱希特不是作为一名艺术家而是作为一名工程师,本雅明打算更多强调他对技术进步进入艺术[布莱希特称之为"传播技术的功能转型"(Umfunktionierung)]的热情适应而非其政治意识形态(SW2,774)。本雅明对布莱希特的剧场实践特别是史诗戏剧感兴趣,很少出于其政治内容,更多出于其所伴随的技术进步。

然而,本雅明强调知识分子实践的技术属性并不意味着他完全拒绝知识分子在批评意识形态方面的作用,因为意识形态有助于维持主导的不平等社会关系。本雅明在这里强调的是,大众传媒时代的知识活动条件已经迅速改变,因此,知识分子实践的形式应该反映出这些变化。知识分子的模型旨在展示**如何**实现这一目标。在新的媒介化公共领域中,知识实践与传播媒介密切相关,公众参与的可能性以前所未有的速度增长。因此,知识分子遇到各种媒介时,不应将媒介简单地视为传播其观念的手段,而应该视之为观念的制定、投射、转化和再生产的源泉。在大众传媒时代,知识分子的主要活动可以被视为技术再功能化的斗争。

结　论

本雅明对信息产业的分析揭示了报刊和出版业的发展如何加速早期文学领域的变革,消除了作者的自治地位,将文学作品纳入商品市场并认为天才、创造力或真实性已成为过时的传统范畴。本雅明对信息产业兴起的考察主要涉及印刷文化。在论证"信息"被"感官"取代时,他打算强调技术文明正在进入另一个交流阶段。通过这一分析,本雅明提出了他对电子媒介之于当代社会和政治变革之影响的描述。

以下是我试图在本章提出的观点：

（1）我们详细研究了本雅明的论点，即自从小说在专栏中连载以来，知识工作很快就被信息产业所征服。通过关注作者和出版业之间的关系，本雅明记录了作家的形象从闲逛者到记者的转变。

（2）记者是丛林般的大都市中的信息猎手和侦探；他们观察城市，将其视为文本，将其作为商品出售，最终也成为商品本身。

（3）借鉴本雅明对报纸意外后果的分析，我们讨论了他对过时的知识分子概念的批判，这种概念受限于其与欧洲人文主义的联系。本雅明用斗争与争论的机遇及其场所界定了媒体所创造的不断变化的条件。这其中包括意识形态再生产装置之内的颠倒和游戏。出于反霸权的实践，媒介可能会被重新设计。

当然，不仔细考虑历史和技术背景，本雅明对报纸的描述中的某些元素不能用于审视互联网所产生的当代媒介空间。例如，本雅明将革命早期的苏联报刊中的集体作者视为新公众的崛起，这似乎是相当幼稚和过于乐观的。他高估了社会主义公共领域的自治方面，就像他低估了苏联媒体的官僚主义和宣传功能一样。然而，尽管存在这些局限性，本雅明对于 19 世纪以来信息产业早期历史的描述仍为我们理解媒介化的公共领域作出了许多重要贡献。例如，互联网媒介交流已经产生了新型的媒介互动，并在皮埃尔·莱维（Pierre Lévy）所谓"集体智慧"的意义上，可观地加速了知识和信息的民主化。[41]维基百科和自由软件计划（GNU Project）都是当代的绝好例子。应该重申，本雅明深知操纵舆论这一危险的可能性。关键问题与如何将大量信息融入人们的日常经验有关。互联网不仅导致了社交网络媒体空间，也导致了经验的私有化，再现了孤立空间的幻象和与社会脱节的个体。像脸书这样的社交网站功能多样。接入网络的电子屏幕成为经历世界的"主要窗口"，就像在本雅明的描述中一样，客厅是第二帝国时期小资产阶级奇观的中心。在这里，本雅明对19世纪信息产业的分析与互联网时代媒介化经验的形成特别相关。在传统报业的死亡被广泛讨论的时候，公共作家崛起是报纸发展的一个意外后果这一本雅明的洞见，与我们理解受过训练的记者所管理的传统报纸被博客圈和社交媒体这些通过各种形式的互联网传播形成的公民记者和公共报纸所取代特别相关。通过他对信息产业的分析，本雅明真正希望透露的是，大众不再是信息市场的被动消费者，也不再是娱乐业的惰性观众；相反，他们是信息的积极创造者，新媒介艺术的审美创造者，他们自己就是在这个配备有更先进的通信技术的媒介空间中生活的作者，也通过社交媒体成为自己生活的消费者。他们是新知识分子，或霍华德·莱茵戈尔德（Howard Rheingold）欢呼的"聪明的暴徒"，为了自己的目标而重新运用通信技术。[42]

注释：

[1]Robert Park,'The Natural History of the Newspaper', *American Journal of Sociology* 29(3) (November 1923): 273.

[2]自从1921年诗集《恶之花》的译本问世以来,波德莱尔一直是萦绕着本雅明的关键文学人物之一。正如我们将在第五章中所看到的那样,他在20世纪30年代对波德莱尔的研究是他《拱廊街计划》的一个重要部分,他也曾想以《波德莱尔——发达资本主义时代的抒情诗人》为题单独写一本书,分为三个部分:"作为寓言者的波德莱尔""波德莱尔笔下的第二帝国的巴黎""作为一个诗歌主题的商品"。第二部分于1938年完成,却被阿多诺刻薄批评其缺乏理论视角。在大改特改后,该书以《关于波德莱尔的一些主题》为名于1940年初发行,由"浪荡儿(波希米亚人)""闲逛者"和"现代性"三个部分组成,而文章"波德莱尔第二帝国的巴黎"提供了对在第二帝国的文学领域都市文化的详尽阐述。这些文章被誉为本雅明在法国现代主义语境下对波德莱尔做出的开创性文学批评,但同时也展示了他对于出版业对文学创作的冲击以及报纸在资产阶级文学领域转型中的作用所展开的激进批判。

[3]Gary Smith,'Thinking through Benjamin: An Introductory Essay', in Gary Smith (ed.), *Benjamin: Philosophy, Aesthetics, History* (Chicago, IL: University of Chicago Press, 1989), p. xii.

[4]在大学期间,本雅明曾经师从知名康德学者海因里希·李凯尔特(Heinrich Rickert),试图解决知识的认识论证成,即康德哲学所面临的理性和形而上学知识的兼容性。在1918年的论文《未来哲学论纲》中,本雅明断言:"未来认识论的任务是就主体和客体而言为了知识找到关于完全中立的领域;换言之,找到自主、先天的知识领域,在这一领域中知识这个概念绝不会继续指的是两个形而上学实体之间的关系。"(SW1, 104)关于现代西方哲学中作为

普遍主题的经验概念的多重背景，请参见 Martin Jay, *Songs of Experience* (Berkeley, CA: University of California Press, 2005). 意大利哲学家阿甘本（Agamben）这样阐明了本雅明对这种经验的动机："现在，只有承认我们无法再获得经验问题，才能接近经验问题。正如现代人被剥夺了他的传记一样，他的经历同样被剥夺了。事实上，无法拥有和交流经验也许是现代人可以提出的少数自我确证之一。"Giorgio Agamben, *Infancy and History: Essays on the Destruction of Experience*, trans. Liz Heron (London: Verso, 1993), p. 13.

[5] Walter Ong, *Orality and Literacy* (London: Routledge, 1982), p.24.

[6] Winfried Menninghaus, *Walter Benjamins Theorie der Sprachmagie* (Frankfurt/Main: Suhrkamp, 1980), p.8.

[7] Rainer Rochlitz, *The Disenchantment of Art: The Philosophy of Walter Benjamin* (New York: Guilford Press, 1996), p.12.

[8] Joshua Gunn, 'Benjamin's Magic', *Telos* 119 (Spring 2001): 60-61. 同见 Beatrice Hanssen, 'Language and Mimesis in Walter Benjamin's Work', in David S. Ferris (ed.), *The Cambridge Companion to Walter Benjamin* (Cambridge: Cambridge University Press, 2004), pp. 54-72.

[9] Jan Bruck, 'Beckett, Benjamin and the Modern Crisis in Communication', *New German Critique* 26 (1982): 159-171.

[10] Miriam Bratu Hansen, *Cinema and Experience: Siegfried Kracauer, Walter Benjamin and Theodor W. Adorno* (Berkeley, CA: University of California Press, 2012), p. 147.

[11] Hansen, *Cinema and Experience*, p. 147.

[12] John McCole, *Walter Benjamin and the Antinomies of Tradition* (Ithaca, NY: Cornell University Press, 1993), pp.

259-260.

[13]Ackbar Abbas,'Walter Benjamin's Collector: The Fate of Modern Experience', in Andreas Huyssen and David Bathrick (eds), *Modernity and the Text: Revisions of German Modernism* (New York: Columbia University Press, 1992), p. 228.

[14] Scott Lash, *Critique of Information* (London: Sage, 2002), p. ix.

[15] Marshall McLuhan, *The Gutenberg Galaxy: The Making of Typographic Man* (Toronto: University of Toronto Press, 1962).

[16]James Carey, 'Walter Benjamin, Marshall McLuhan and the Emergence of Visual Society', *Prospects* 11 (1986): 29-38.

[17]本雅明认为,"小说的发源地是孤立的个体,个体不能再以典范的方式谈论他的思虑,自己缺乏忠告而且不能给予任何忠告。写一部小说就是把代表人类存在中不可比较的东西推到极端"(SW2, 299)。

[18]Ferenc Fehér, 'Lukács and Benjamin: Parallels and Contrasts', *New German Critique* 34 (Winter 1985): 125-138.

[19] Max Weber, *The Protestant Ethic and the Spirit of Capitalism with Other Writings on the Rise of the West* [Oxford: Oxford University Press, 2008(1905)].

[20]由香农和韦弗设计的通信传输模型将信息的概念从数学角度定义为可以按比特测量并根据符号出现概率来定义的量。Claude E. Shannon and Warren Weaver, *The Mathematical Theory of Communication* (Champaign, IL: University of Illinois Press, 1949).

[21]Michael Schudson, *Discovering the News: A Social History of American Newspapers* (New York: Basic Books, 1978), p. 119.根据该文的说法,杜威写到,报纸是"我们已经实现的唯一

真正流行的文学形式",而米德同样强调报纸的作用是通过产生"愉悦性"和"完成价值"来实现"审美功能"。See John Dewey, 'Americanism and Localism', *The Dial* 68 (June 1920): 686 and George Herbert Mead, 'The Nature of Aesthetic Experience', *International Journal of Ethics* 36 (July 1926): 390.

[22]Walter Lippmann, *Public Opinion* (New York: Macmillan, 1921); Harold Lasswell, *Propaganda Technique in the World War* (London: Kegan Paul, Trench, Truber & Co., 1927) and *Politics: Who Gets What, When, How* (New York: Whittlesey House, 1935). 根据李普曼对"制造共识"的分析,乔姆斯基和赫尔曼后来提出了源于信息产业垄断的宣传模式。Noam Chomsky and Edward S. Herman, *Manufacturing Consent: The Political Economy of the Mass Media* (New York: Vintage, 1995).

[23]见证第二次世界大战期间文明的彻底破坏,霍克海默和阿多诺在他们的奠基之作《启蒙辩证法》(1944)中问道:"为什么人类没有进入一种真正的人道状态,而是陷入一种新的野蛮行为。"尽管神话已经破灭,可知识却成为神话的替代品。Max Horkheimer and T. W. Adorno, *Dialectic Enlightenment* (London: Verso, 1979), pp. xi and 3.

[24]大概 40 年前,知名的美国社会学家艾尔文·古德纳将新闻描述为"去语境化的传播"。Alvin Gouldner, *The Dialectic of Ideology and Technology* (New York: Seabury Press, 1976).

[25]Jürgen Habermas, *The Structural Transformation of the Public Sphere* (Cambridge: Polity, 1989). 至于全面介绍公共领域的概念及其与当代媒体研究的关系,可参见 Alan McKee, *The Public Sphere: An Introduction* (Cambridge: Cambridge University Press, 2004) and Richard Butsch (ed.), *Media and Public Spheres* (London: Palgrave Macmillan, 2009).

[26]在法兰克福学派的第一代成员中,洛文塔尔是一个例外,他非常关注流行文化在理性化过程中的作用。他也是少数几个以具体方式联系大众传播的发展来分析大众文化的崛起的理论家之一:Leo Löwenthal, *Literatur und Massenkultur* (Frankfurt/Main: Suhrkamp, 1980); *Critical Theory and Frankfurt Theorists* (New Brunswick, NJ: Transaction Books, 1989); 'Sociology of Literature in Retrospect' and 'Historical Perspectives on Popular Culture', in Stephen E. Bronner and Douglas M. Kellner (eds), *Critical Theory and Society: A Reader* (London: Routledge, 1989), pp. 40-51 and pp.184-198.

[27]Richard Burton, *The Flâneur and His City: Patterns of Daily Life in Paris* 1815—1851 (Durham: University of Durham, 1994), p. 15.

[28] Russell Berman, 'Writing for the Book Industry: The Writer under Organized Capitalism', *New German Critique* 29 (1983): 39-56.

[29] Franz Hessel, *Spazieren in Berlin* (1929), cited in David Frisby, 'The Flâneur and Social Theory', in Keith Tester (ed.), *The Flâneur* (London: Routledge, 1994), p. 81. 在写于1929年的文章《闲逛者的复归》(SW2, 262-267)中,本雅明对黑塞的书进行了详细的评述。

[30] Charles Baudelaire, *The Painter of Modern Life* (London: Phaidon, 1995).

[31]Baudelaire, *The Painter of Modern Life*, p. 12.

[32]波德莱尔强调:"(在艺术家的时尚之后)杜米埃比任何人都熟悉和喜爱资产阶级——资产阶级是中世纪最后的遗迹,哥特式如此艰难地毁灭中世纪,而这种类型立刻如此普遍,如此古怪。"Baudelaire, *The Painter of Modern Life*, p. 177.本雅明在《拱廊街计划》中引用了这段话[AP (b1a,3), 741]。

[33]Baudelaire, *The Painter of Modern Life*, p. 171.

[34]正如许多女权主义批评家指出的那样,在本雅明对闲逛者凝视的分析中,只考虑了欧洲男性资产阶级的观点。其他类型的凝视,包括女性的凝视,都被排除在外。本雅明在描述闲逛时唯一涉及的女性是妓女,但这个说法仍然认为女性是商品奇观的对象,而不是观察的主体。对本雅明的观点以男性为导向的更多批评,见 Janet Wolff, *Feminine Sentences: Essays on Women and Culture* (Cambridge: Polity, 1990); Mica Nava, 'Women, the City and the Department Store', in Pasi Falk and Colin Campbell (eds), *The Shopping Experience* (London: Sage, 1997), pp. 56-91; Deborah Parsons, 'Flâneur or Flâneuse? Mythologies of Modernity', *New Formations* 38 (Summer 1999): 91-100; and Patrice Petro, *Joyless Streets: Women and Melodramatic Representation in Weimar Germany* (Princeton, NJ: Princeton University Press, 1989).

[35]Susan Buck-Morss, 'The Flâneur, the Sandwichman, and the Whore: The Politics of Loitering', *New German Critique* 39 (1986): 99-140.

[36]关于卡尔·克劳斯及《火炬》的更多历史和社会背景的细节,见 Edward Timms, *Karl Kraus. Apocalyptic Satirist: Culture and Catastrophe in Habsburg Vienna* (New Haven, CT: Yale University Press, 1986).

[37]Christopher Thornhill, 'Walter Benjamin and Karl Kraus: The Construction of Negative Language', *New Comparison* 18 (1992): 42-56.

[38]随着全球网络化信息世界的发展,本雅明对公共记者或大众作者出现的诊断已被各种例子所佐证,例如报"纸"行业的衰落、专业记者在议程设置和把关中扮演的传统角色日益减少,以及通过社交媒体快速增长的参与式新闻。见 Adrienne Russell, *Net-*

worked: *A Contemporary History of News in Transition* (Cambridge: Polity, 2011).

[39]本雅明对布莱希特史诗剧理论的分析将在第三章中进行更深入的讨论。这里我更多地关注布莱希特对知识分子角色以及知识分子实践的影响抱有的观念。

[40]自由浮动的知识界是德国社会学家曼海姆创造的一个术语,见 Karl Mannheim, 'The Problem of the Intelligentsia, An Enquiry into Its Past and Present Role', in Bryan S. Turner (ed.), *Essays on the Sociology of Culture* (London: Routledge, 1992), pp. 91-170.

[41]Pierre Lévy, *Collective Intelligence: Mankind's Emerging World in Cyberspace* (New York: Basic Books, 1999).

[42]Howard Rheingold, *Smart Mobs: The Next Social Revolution* (Cambridge, MA: Basic Books, 2003).

第三章 无线电广播和媒介化的讲故事

导　论

20世纪20年代末和30年代初，无线电广播紧随电报和电话之后，迅速成为欧洲和美国的新媒介。在此期间，本雅明也积极参与其中。自1923年10月29日晚间柏林Vox唱片公司播出第一档德国无线电节目以来，德国的广播订阅数量从1924年的10万增加到1932年的400多万。[1]当纳粹政权于1933年掌权时，有一半家庭都通过他们自己的收音机进行"无线"连接，而几乎所有人都可以实时听取希特勒的演讲。与以往任何一次与新技术相遇都没有什么不同的是，在1938年世界无线电大会上，一位发言人肯定地宣称："在这个时代见过的所有奇迹中，无线电是最奇妙的。它发出了声音，这声音以沉重的脚步移动，并被交付给了黎明之翼。我们现在像神一样。我们也许在与全人类交谈。"[2]技术所创造的神灵之声很快就变成了令人敬畏的独裁者之一，特别是在德国和意大利。1934年夏天，当本雅明在丹麦斯科沃斯博斯特兰（Skovsbostrand)的一间农舍里与布莱希特同住时,他写信给他的朋友肖勒姆,谈到他在无线电中听到希特勒的声音:"因此,我能够收听希特勒在国会大厦的演讲,而因为这是我第一次听到他的声音,你可以想象这种效果。"(BSC,130)直到1940年电视的出现标志着无线电时代的结束之前,这种媒介在很大程度上改变了与文学和戏剧等高雅艺术形式以及政治动员方式有关的交流的基本结构。只有为数不多的知识分子密切关注这些关键变革以及这一新电子媒介所带来的全新可能性,同时实际参与无线电广播的制作,而本雅明正是其中之一。

可能是在1925年初,本雅明首次透露他打算为无线电工作。他在1925年2月19日的一封信中对肖勒姆描述了他的计划:"目前,我正在密切关注当地可能出现的任何机会,并最终申请了电台杂志的编辑。"(C,261-262)尽管申请这一兼职工作并未成功,但到1929年时,有其他机会让他在电台上展示他的作品。这次机会是由本雅明的老朋友、时任法兰克福西南德国广播电台(Südwestdeutscher Rundfunk)艺术总监的恩斯特·肖所提供的。这是魏玛共和国最前卫的广播公司,并播出过阿多诺对作曲家恩斯特·克里尼克(Ernst Krenek,1900—1991)和保罗·欣德米特(Paul Hindemith,1895—1963)的新音乐进行的介绍性讲座和布莱希特的政治广播剧。该台还开创了现场体育赛事报道。本雅明并不是唯一能够深入参与有关无线电对这一时期艺术和政治影响的讨论的知识分子,其他人也进行了类似的辩论。然而,值得注意的是,本雅明也是无线电广播的一线实践者,参与了导演、主持和编剧等环节。与他的许多同时代人不同,本雅明指导自己的电台节目并阅读自己的节目台本。根据与他同时代的人所说,本雅明拥有"令人愉悦的嗓音"。[3]他频繁播出的广播节目是当时最受欢迎的节目之一,赢得了大量听众。他证明了自己是成功的广播剧协调员,同时也是魏玛共和国时期法兰克福和柏林的十大电台节目主持人之一。

1927年3月23日,本雅明在一次名为"俄罗斯青年作家"的谈话中,首次在麦克风前亮相。这发生在本雅明从1926年12月6日至1927年2月1日之间为期两个月的莫斯科之旅后不久。[4]两年后,他开始更频繁地制作无线电广播(讲座和阅读)。他主要是为柏林广播电台(Berliner Rundfunk)和西南德国广播电台导演节目,到1932年时,已经制作了大约86期他自己的节目。然而,就在此时,纳粹解雇了所有左派导演和制片人,本雅明的广播生涯也随之告终。与他大量参与无线电广播相比,本雅明作品中直接涉及无线电媒介化交流问题的内容相对较少。在本雅明大部分未发表的论文和片段里,有对他五年间参与无线电工作的评论和对魏玛共和国动荡时期媒介潜力的深刻见解,这不仅标志着从高雅文学艺术向大众文化的文化转型,也标志着从议会民主到法西斯主义的显著政治转变。通过重构和分析本雅明众多有关节目台本、广播剧和戏剧的作品,我们将在本章集中讨论三个关键问题:

(1)无线电所带来的全新交流可能性有

哪些?

(2)无线电广播的听众有哪些与众不同的特点?

(3)本雅明与新通信技术相关的媒体教学法的主要方面是什么?

向着一种听众的批判社会学

关键作品

《与恩斯特·肖的对话》(1929年)
《对电台的反思》(1931年)
《戏剧与电台——其教育规划的相互控制》(1932年)
《两种人气——对广播剧的基本思考》(1932年)
《准时》(1934年)

作为大众教育机器的媒介

无线电拥有瞬间同时跨越与大量听众之间的距离的巨大潜力,许多魏玛知识分子被这一潜力所吸引。

> 450年来,人们一直在印书,这只不过是思想及其影响的多重复制……这种艺术的公共性质具有新且特殊的任务。针对宫廷的宫廷艺术、针对城市富有手艺人的诗乐协会诗歌、针对资产阶级的资产阶级艺术——如今必将有针对

900万人的艺术。[5]

音乐也随着电台的出现而彻底改变。当广播开始播放在室内演奏的古典音乐时，它似乎为旧的歌剧和音乐会中的公众之解体提供了强大的工具。随着留声机技术的进步和音乐广播的迅速发展，魏玛共和国的听众越来越习惯于电子媒介化的音乐。[6]

在新的通信条件下，无线电成为新技术想象与旧文化形式相碰撞的融合空间。布莱希特是最具试验性的艺术家之一，热切地试图将无线电那高尚但不确定的技术特征融入他的戏剧实践中。他认为无线电可以替代资产阶级公共领域的旧形式，如戏剧、歌剧、音乐会、讲座、咖啡音乐、当地报纸等。布莱希特反对限制无线电或只片面传播，在他的文章《作为通信设备的无线电》中争辩说，其目标不应以发行为中心，而是以交流为目标。[7]布莱希特声称，无线电应该是"公共生活中最好的交流设备、庞大的管道网络"[8]。尽管布莱希特强调交流，但不清楚布莱希特在多大程度上将无线电的交流功能与其传输功能区分开来。这种广泛分享的工具性观点以恩斯特·肖将无线电描述为"巨大的大众教育机器"（SW2，584-585）为代表。尽管意识到无线电有可能接触大众并促进教育，本雅明批评那些未能充分掌握其相互交流潜力的评论者。对于本雅明而言，无线电是一种全新的媒介，没有"背后的古典时代"，不仅在数量上还是质量上，都构成了与印刷媒介不同的交流水平。

> 无线电广播(及其最显著的后果之一)已经深刻地改变了这种状况。得益于它所开辟的技术可能性(同时解决了无数人的问题),普及实践的发展超出了善意的慈善努力,并成为一项任务,其在形式和效用上都拥有自身类型的准则,就像现代广告不同于19世纪的旧尝试一样,这项任务也与旧的实践不同。(Media,403-404)

最重要的是,无线电推动了从传统形式的"知识教育"向"批判性判断训练"的转变(Media,396)。那些在乎无线电信息传输作用的人倾向于将无线电限制在"拥有庞大公共教育视野的工具"之中。对于本雅明而言,这种工具性观点未能抓住新媒介环境的兴起,而这一环境需要全新的教学原则。无线电通信的工具主义观点限制了无线电对传统启蒙教育思想所扮演的角色,后者指的是通过"系列讲座、教学课程、大规模教学活动"向大众传授知识(Media,397)。在本雅明看来,无线电需要摒弃从启蒙运动的角度开展的工具主义教育方法的束缚。

目睹了德国电台广播在调动社会和政治运动上的巨大功能,本雅明开始调查无线电对听众批判性判断能力的危险影响。20世纪二三十年代的特点是国家控制的电台、法西斯主义的高潮及其意图利用无线电进行政治宣传。1929年8月,本雅明和肖决定共同撰写一篇关于当代无线电之危险的文章。1930年4月4日,本雅明在给肖的一封信中明确阐述他对无线电的批判方法。在这封信中,本雅明概述了他们打算在文章中提出的13个主题,其中包括无线电庸俗化的部分原因在于自由派媒体的失败、新闻界粗暴的政治鼓动和蛊惑人心、无线电的政治化、对诗歌作品的审查、电台内部官僚主义的掣肘、无线电与新闻界之间不断变化的关系中的腐败、电台杂志的作用等(GS II-3，1497—1499)。很明显，联系到当前媒体对民主危机的影响，这些主题现在仍然是热点问题。不幸的是，这个广泛的计划从未实施过。然而，从他的主题中，我们可以认识到本雅明的无线电计划如何应对工具主义的传播观与法西斯主义的兴起之间不可避免的联系，以及实现互动传播这一基本属性未能发现的潜力，例如经验的同化。显然，通过无线电实现的新电子交流形式不再植根于面对面的互动并克服空间差异。电台似乎是一个真正的"大众"媒介，以一种全新的方式代表大众听众的利益："它所掌握的大众要广泛得多；最重要的是，其设备所依据的物质要素和其编导所依据的知识基础与其听众的利益紧密交织在一起。"(SW2，584)

根据本雅明的说法，无线电的主要属性是由从业者和听者之间的交流互动构成的。本雅明在他的文章《对无线电的反思》中声称，未能实现无线电的潜力使得从业者与公众之间的根本分离永久化，而这种分离与其技术基础不一致，即，当代无线电无法"通过利用自己的技术形式自我确证"(SW2，543)，或没有充分利用其在公众中创造新专家的技术潜力。本雅明以"听众社会学"的方式定位他的方法，敦促人们重新思考广播和听众在多个层面上的相互作用(Media，405)。

首先,本雅明的听众社会学将无线电通信的主观维度确定为其在都市文化中的个体性:"广播听众几乎总是一个孤独的个体;即使节目要触及上千人,也总是只触及成千上万孤独的人。因此,你需要表现得好像你是在向一个孤独的个体说话——或者如果你愿意的话,是对许多孤独的人说话,但绝不是为了一大群人。"(Media,407)无线电通信与小说的孤独读者相比,区别在于其去空间化的但却同步的集体经验。

其次,听众社会学感兴趣的是,在广播创造的新媒体空间中如何改写传统的交流关系。专家文化和大众之间的界限模糊不清,正如主持人和听众之间的界限在更大规模上交织在一起:"简而言之,我们所讨论的广播剧寻求与所谓听众社会学的最新研究建立最紧密的联系。"即使出于不同的原因,也会发现其能够同时吸引专家和外行人注意力的最强有力证据(Media,405)。广播不是将众多听众转变为专家,而是通过消费者心态的无限制发展将听众转变为"沉闷而不明智的大众",并创造了一个"既没有判断尺度也没有语言以表达其感情"的公众(SW2,543)。

最后,本雅明的听众社会学优先考虑无线电通信的形式和技术方面,而非其内容或主题。"无线电的技术和形式方面"表明了实际广播的具体特征,比如声音、措辞、语言和叙述形式。很多电台管理层和媒介批评者错误地认为,同时代那些没有唤起大众兴趣、导致听众"消极怠工"(即"让他们关机")的原因是主题的疏离。一个节目的主题和内容可能最初让听众听一会儿,然后他们决定是否关掉收音机。可是,即使是看起来完全不相关的节目也偶尔会让听众入迷。因此,本雅明断言,正是"广播的形式和技术方面"的失败使得即使是最有潜力的有趣节目也让听众感到难以忍受(SW2,544)。在他自己的广播中,本雅明致力于通过提供穿插有背景音乐和声音效果的严肃文学评论和讲座来改进无线电通信的技术。关于这一点,应该指出的是,本雅明的一些著名论文最初就是为无线电广播而写的。这些文章的独特性质不在于其内容,而是在于其风格属于非话题性和非分析性的叙述,本雅明正是试图借此发挥讲故事的潜力。他对无线电技术方面的强调揭示了本雅明思想中对交流的唯物主义和形式主义的方法,这种方法基于他认为听众是交流参与者的独特观念——听众不是交流过程的补充,而是其必要组成部分。本雅明认为他自己的广播剧本是专门为无线电广播设计的新文学体裁,也就是说,让更多听众更容易理解故事需要用媒体技术重构文学文本,并使这些文本对听众的兴趣做出反应。为了理解本雅明对无线电的形式主义方法的独到之处,我们需要考虑他自己的无线电模型(Hörmodelle),而他正是试图以此区别于传统形式的广播剧(Hörspiel)。

无线电广播模型

关键作品

《恶魔般的柏林》(1930年)
《梅斯沃维采-布伦瑞克-马赛——大麻恍惚故事》

（1930年）

《布莱希特》（1930年）

《取出我的图书馆——谈书籍收藏》（1931年）

《卡夫卡的中国长城》（1931年）

《里斯本地震》（1931年）

《泰湾的铁路灾难》（1932年）

媒介化的讲故事

随着电台开始发挥巨大的力量,特别是在口头艺术方面,广播剧作为一种新的文学体裁出现。这是因为需要一种原创的、针对广播的体裁,即专门为广播撰写的文学文本。第一部德国广播剧于1926年播出,这一新体裁成为无线电广播的主导艺术形式。许多著名作家和文学评论家都作出了贡献,这其中包括德布林与托马斯·曼。值得注意的是,以与19世纪欧洲报纸发展期间专栏对流行小说家和评论家的影响大致相同的方式,这一体裁成为魏玛作家和知识分子的主要收入来源。然而,与本雅明对文学批评和视觉文化的详尽研究相比,他的广播剧所得到的关注相对较少从媒介的角度出发。[9]这部分是由于他在1933年2月28日致肖勒姆的信件中对他参与无线电所做的评论所致:"至于你为了档案而提出收集我广播作品的要求,甚至我都没有成功收集到它们全部。我说的是广播剧,而不是一系列无数的访谈,不幸的是,这个系列现在已经告终,而且除了经济方面之外也没有任何兴趣,但现在这已经成为过去了。"（C, 403-404）理解这些愤世嫉俗的言论时应该考虑到他在这段时期的经济困难。事实上,他的众多电台剧本和反思揭示了本雅明如何认真地测试无线电广播的本质,以便掌握独特的交流条件。

在本雅明看来,无线电作为电子媒介对文学的影响与小说对讲故事或书籍对口头交流的影响大不相同。这体现在他对无线电广播的独特方法中:无线电播放的文本必须与媒体的特定技术特性相呼应。为了充分利用技术潜力,讲故事的基本原则被提到了前台。一方面,他的广播剧突出了技巧而不是主题,与那些耸人听闻或流行戏剧的广播剧保持距离;另一方面,本雅明的广播剧不依赖于解释,解释才需要进行分析叙述。讲故事的本质不在于解释,而在于对话,允许将故事吸收到听众的日常生活中。值得注意的是,他的广播剧接近希罗多德(Herodotus)的方法,希罗多德是希腊最早的故事讲述者之一,他使用平面报道技巧讲述他的古老故事。

> 希罗多德没有提供任何解释。他的报告非常干燥。这就是为什么几千年后,这个来自古埃及的故事仍然能引起惊讶和反思。它就像那些在金字塔的密闭室中已经放置了几个世纪的谷物种子,至今仍能生根发芽。(SW3,148)

1929年至1932年间,本雅明为柏林和法兰克福的广播电台播出的两个节目"少年时间"(Jugendstunde)和"青少年时间"(Stunde der Jugend)播放了三十多集广播剧,专门针对年轻听众。每个节目都以二十分钟的谈话或独白形式播出。本雅明参与儿童广播节目绝不是巧合。童年的概念是本雅明从1918年开始思考的主要主题之一,并且是他对模仿能力的描述的核心。受到改变德国社会化进程的渴望所驱动,他对儿童经历的兴趣促使他研究了自己的童年和他那个时代的儿童文化。本雅明对资产阶级教育哲学的蔑视反映了他自己曾参与理想主义的德国青年运动。在本雅明的叙述中,童年预示着新社会秩序的创造性和解放关系。在他对教育的激进批判中,"资产阶级要求儿童的纪律是其耻辱的标志"(SW2,205)。相反,一种新的教学法旨在让孩子实现他们的创造性和解放潜力,尤其是4—14岁的孩子:

> 童年的任务:将新世界带入符号空间。事实上,孩子可以做成人绝对不能做的事:再一次认识新。对我们来说,机车已经具有符号特征,因为我们在童年时遇到过它们。然而,我们的孩子会在汽车中找到这个,而我们自己只在汽车中看到新的、优雅的、现代的和厚颜无耻的一面。[AP(K1a,3),390]

因此,他对童年和模仿能力的强调不是怀念田园诗般过去的浪漫主义行为,而是一种社会行为,旨在引导人们认同诸如"幼儿园、青年团体、儿童剧场和户外团体"这些属于儿童的独特空间(SW2,275)。本雅明的广播节目涉及他致力于通过故事为儿童的美学参与创造一种独特的媒介空间形式。

儿童电台

"柏林之城"是本雅明为儿童节目制作的主要剧集之一,其剧本后来被纳入他的自传文章《柏林纪事》[1932年,后来其中一部分在1938年被以《1900年左右的柏林童年》为题进行了拓展和修订(SW3,343-386)]。在这些文章中(也可能在他的节目中),本雅明将与他童年记忆交织在一起的不同文化对象、都市空间和碎片化的意象都推上了前台。随着帝国全景、胜利纪念柱、柏林街道的一角、性觉醒等,位于他家走廊的电话起着媒介的作用,挖掘他的记忆。对于本雅明来说,"第一次电话交谈的声音"是如此生动,以至于像"夜间喧哗"一样在整个人生中始终存留着,"不同地回荡"(SW3,349)。自从他家安装电话之后,他的同学突然拨打电话或父亲和总机操作员之间的大声争吵扰乱了都市资产阶级家庭的私人空间。然而,对于本雅明来说,渗透到他日常生活中的噪音不亚于"新生的声音",甚至像他的"孪生兄弟"(SW3,349)。事实上,本雅明有一个弟弟乔治,他后来在纳粹集中营去世。通过展示前厅的中产阶级私人装饰(例如,"枝形吊灯、火炉挡、盆栽、玄关桌、茶几和壁龛栏杆"),这种"装置"很快就成为现代空间抵达的预兆,这个空间始终与外界联系着。电话就像"传说中的英雄"一样,"离开了房子后面的黑暗走廊,使其进入了一个更年轻一代居住的更清洁而明亮的房间"(SW3,349)。虽然电话与下一代有关,但收音机却与儿童的世界联系在一起。本雅明在电话和收音机之间发现了明显的亲和力,尤其对儿童而言,都拥有通过语音进行安慰的功能。

> 对于后者(年轻一代)而言,它成为他们孤独的安慰。对于他想要离开这个邪恶世界的沮丧,它充满了最后希望之光。随着被遗弃,它分享了孩童的床。现在,当一切都依赖于它的召唤时,它在流亡中获得的尖锐声音变得更加柔和。(SW3,349-350)

本雅明强调语音对儿童的安慰作用源于睡前讲故事的模式。他在电台播放的儿童节目中包含了许多问题和笑话,这绝非巧合。问题意在邀请年轻听众的积极参与,而笑话可以解除他们紧绷的注意力。这种间接的、非话语的交流方式,使用讲故事的技巧,让我们看到他如何将他的年轻听众视为与成人进行类似交流时一样的平等伙伴。在这些节目中,本雅明试图通过提供对年轻听众同样可理解的、娱乐性和有趣的故事来特别使用叙事形式。本雅明使用各种主题和格式,在他的童书收藏、日报或自己的回忆中找到主题。例如,贯穿他整个对现代性的分析,城市一直是本雅明的主要主题之一。因此可以这样概述他节目的主题:

(i)冒险或奇怪的人物[10];
(ii)骗子和走私者[11];
(iii)从古至今的灾难[12];
(iv)旅行报告[13];

(v)大麻引起的恍惚[14];
(vi)童话[15];
(vii)动物故事[16];
(viii)文学谈话[17]。

上述主题不是任意选择的。相反,在本雅明看来,这些类型的主题最容易适应声学媒体,也最适合儿童节目。例如,这些广播剧最重要的特征之一是当本雅明讲述与魔法或神话有关的故事时,他不认为它们是纯粹的童话故事或幻想。相反,正如早期浪漫主义者所做的那样,他认为这是一种普遍的故事形式。

"随笔"形式的文学属性必须融入他的广播剧中;而他认为这是一种反映现代生活分裂的体裁。本雅明认为,随笔的非分析叙事属性特别适合于无线电广播中的文学谈话的声学表现。随笔的一个重要特征是引用,经常在他的广播剧中得到充分使用。在他的无线电广播中,本雅明试图冻结生活中事件的正常流动,以便通过充分利用引用将其放在批判性审视的强化过程之中。在他讨论文学的无线电节目中,无论是来自短篇小说、小说概要还是完整的报纸报道,他总是引用来自文学文本的长篇引述,旨在给听众带来中断的效果。例如,在他关于卡夫卡的电台讲座中,本雅明全文引用并重述了一个中国传说,许诺他不会为听众解释这个故事,而是让听众们自己判断(SW2,494-500)。本雅明的技术并不仅限于信息传递,而是更试图刺激听众的想象力。在另一个例子中,他引用了一次采访和一项调查结果,旨在引发听众的积极参与,就像今天录制"原音"所发挥的功能一样。[18]本雅明自己的无线电广播模型表明他正在努力形成一种能够完全引导听众参与的模型。

无线电广播模型

反对"单行道"式无线电传输的本雅明与记者沃尔夫·楚克(Wolf Zucker)合作,根据无线电通信的技术和形式方面开发出了一种替代性的无线电广播模型(GS IV-2,628)。本雅明的模型有三个关键特征可以确定。

(1)参与式听众

本雅明的模型主要关注代表听众的兴趣并促进他们的积极参与。本雅明描述了广播听众区别于小说和报纸的读者或诸如戏剧或电影这些其他传播模式受众的特征。

> 我们只需要反思,广播听众与其他所有听众不同,他们欢迎人声像访客一样进入他的房子。而且,他通常会像对访客一样快速而敏锐地判断这个声音。然而,却无人告知人们对声音的期望是什么,听众会感激或不可饶恕哪些东西等等。这只能用大众的懒散和广播机构的狭隘来解释。(SW2,544)

因此,本雅明对无线电沟通功能的描述不是基于传递"知识"或"信息"的愿望,而是基于他希望帮助听众提高判断社会和政治现实的能力。在这一点上,本雅明似乎对听众的接受能力非常乐观。事实上，通过引导听众得出自己的认识，本雅明的模型试图让听众自我训练并获得更多的自我理解。在教育的主客体都是听众自身这一意义上，本雅明的"训练"概念与启蒙导向的对"教育"的理解明显不同。无线电的塑造作用是为训练条件提供空间（SW2，585）。在本雅明看来，听众不应被视为懒惰的大众或被动的消费者。相反，他们应该被称为"专家"（SW2，544）。虽然本雅明很少试图解释报纸读者如何能够获得这种专家地位（或者如后文中会提及，他在后期著作中提到影院中的"分心评论家"），他强调了听众在他对无线电的讨论中的参与作用。本雅明认为，每个人都应被训练成为一名知情而自信的听众，并能够认识到自己对社会的兴趣。本雅明谴责新闻界那些让"公众无法评判"的层面（SW2，433），他需要听众积极参与才能实现交流的过程。无线电听众不是被动的接收者，也不是他所谓的"技术传输的第五个轮子"（SW2，585），而是实现交流过程的广播实际参与者和实践者。[19]

（2）形式化的结构

本雅明的无线电模型旨在提出无线电广播的示例。因此，该模型与流行的"戏剧性"形式的广播节目不同。相比之下，他的模型主要涉及一个特定的、形式化的结构。这种形式在教学法和寻求将诸如"学校与教育""成功的技巧""婚姻困境"等典型日常情景中的社会行为的正面例子和反面例子对立起来的标准模式中都显而易见（GS IV-2，628）。主持人和听众之间的讨论在节目结束时进行。

在典型的结构中,叙述者在节目中出现三次。在开始时,叙述者使听众熟悉该节目的主题,然后介绍出现在第一部分中的其他参与者。这种节目的第一部分还包括反例,也就是说,两者中最不可取的行动方案。叙述者在第一部分结束后返回并暗示已经犯下的错误。然后,他介绍一个新的人物,这个人提出了替代解决方案。在剧目结束时,叙述者将不正确的行为与正确的行为进行比较,并挖掘故事的道德。因此,没有一个无线电模型有超过四个支持的声音:(1)叙述者的声音;(2)出现在第一和第二部分的另一个角色;(3)剧目第一部分的错误或愚蠢的角色;(4)表现出优选行动方案的角色(GS IV-2,628)。

通过沃尔夫·楚克,本雅明根据这个模型的原理撰写了三个节目。这些节目在1931年和1932年间于南德广播电台播出。例如,"加薪？你一定是在开玩笑"(GS IV-2,629-640),将笨拙和技巧娴熟的员工与老板谈判进行对比。"这个男孩从不说实话"表现了一个10岁的男孩一直在说谎。"你可以直到周四之前都帮助我吗？"比较一个向朋友要钱并被拒绝的蠢人的行径与同样情况另一个人更明智而成功的行为(GS IV-2,628)。通过他的模型,本雅明旨在构建一种无线电的形式化结构,最好地促进听众对批判性判断的自我训练。

(3)与隐形听众的对话

广播在借助录音技术帮助听众在对话中扮演一个决定性角色方面具有巨大的潜力,而本雅明的另类模式也旨在最大限度地发掘这方面的潜力。根据该模型,"会话"被理解为最适合于无线电广播的技术,具有消除发送

第三章　无线电广播和媒介化的讲故事

者和接收者之间的距离的特定目的。电台主持人与故事讲述者类似,后者"倾向于在开始讲故事时营造一种氛围——他们已知晓接下来将发生什么,或者他们讲述故事时就如同自身经历一般"(SW3,149)。他将听众视为平等的对话伙伴,称他们为"亲爱的隐形人"(Verehrte Unsichtbare,SW2,250),并根据日常会话的模式介绍他的节目。在一次节目中,本雅明将无线电主持人的角色与"化学家"进行了比较。在他的节目"里斯本大地震"的开场白中,他告诉听众:

> 您是否曾经不得不一边看着正在制作的处方一边在药店等待?药剂师按比例测量成品药所需的所有成分和粉末,使用精确方式校准重量,分毫不差。**当我通过电台与您交谈时,我感觉自己像是个化学家。**我的重量是分钟,我必须非常准确地测量它们:一点这个一点那个,如果最终得出化合物正确的话。(SW2,536;重点为本书所加)

这句话表明本雅明非常清楚地了解无线电广播的时间性质。与文学产品不同,无线电广播的成功取决于它是否能够在"给定的播出时间"内吸引听众的注意力和参与度。小说中的时间与主观和个人属性有关,但小说可以反复阅读。然而,电台广播的时间与讲故事有更大的亲和力:它是集体的,但也是一次性的。本雅明强调:"所以不要忘记:采取轻松的说话方式,并准时总结!"

(Media,407)。因此,令人惊讶的是,许多本雅明的电台剧本以对话的形式重复出现,借此本雅明试图创造一种"放松状态"——这是"一种相互同化过程所需的状态"(SW3,149)。他在1930年5月9日法兰克福广播电台的节目"喜剧作家的食谱"清楚地表达了他对广播对话属性的热情(GS VII-2,610-616)。这场讨论涉及喜剧作家威廉·斯派尔(Wilhelm Speyer),以及试图向普通听众展示其文学批评理念的本雅明本人。1931年4月27日傍晚播出的本雅明的著名文章《打开我的图书馆——谈书籍收藏》(SW2,486-493),也体现了本雅明如何调整对话技巧以便与集体听众交流。

媒介教育的一些主题

关键作品

《儿童书籍世界的一瞥》(1926年)
《俄罗斯作家的政治集团》(1927年)
《论俄罗斯电影的现状》(1927年)
《莫斯科》(1927年)
《玩具和戏剧》(1928年)
《无产阶级儿童剧计划》(1928/9年)
《共产主义教育学》(1929年)
《破坏性性格》(1931年)
《剧院与电台——他们教育计划的相互控制》(1932年)
《史诗剧是什么?》(1939年)

电台与戏剧

尽管在德国资产阶级文化中享有优越地位,但魏玛共和国的戏剧代表了资产阶级公共领域的解体,并成为知识分子和艺术家乃至大众的重要政治空间之一。魏玛时期的剧院是一个文化空间,新技术和激进的艺术试验在这里充满活力地相遇。本雅明在其1932年的文章《戏剧与电台——他们教育计划的相互控制》(Theatre and Radio: the Mutual Control of their Educational Program)中阐述了作为新传播技术的电台和作为传统资产阶级文化象征的戏剧之间交叉所产生的一个未来的问题。在他看来,电台和戏剧之间的竞争可能不如电台和音乐厅之间的竞争。现场音乐演奏或音乐厅音乐的危机是由新技术的发明所引起的。因此,就像在电台中一样,任何像戏剧这种古老的艺术形式的新任务都是通过消除"表演者和听众之间"与"技术与内容之间"的对立来大幅度改变或"重新运用"(Umfunktionierung)其形式本身(SW2, 775-776)。本雅明旨在改变电台与美学实践相结合的方式,特别是与戏剧实践结合的方式。两个戏剧试验激发了他的想象力:俄罗斯的儿童剧运动和布莱希特的史诗剧。本雅明关于戏剧的著作通常被认为是对布莱希特史诗剧的补充或进一步解释。事实上,本雅明有关布莱希特史诗剧的文章是为儿童电台节目而写的,表明他自己的想法可能经常与布莱希特的教学法和无线电通信试验重叠。然而,尽管本雅明对布莱希特的描述在这方面似乎是积极的,但他关于史诗剧的著作与布莱希特的戏剧和无线电理论相距甚远。正如我们将要看到的,如果将本雅明对史诗剧的描述与他对儿童剧的激进计划一起进行考察,那么本雅明对戏剧运动的描述就更加明显地包含了对戏剧空间在构建新媒体教学法中所扮演的角色的独特理解。这表明本雅明认为剧院是一个用于游戏的感性公共空间,优于在启蒙运动传统中进行规训教育的理性公共空间。本雅明对这些戏剧运动的分析揭示了这样一个事实:诸如规训和娱乐这样教育的传统二分法关系并不是不相容的。

史诗剧

作为一位热衷于这项新技术的先进魏玛知识分子,布莱希特为儿童和工薪阶层的听众撰写了原创的广播剧,并为电台广播改编了他自己原有的戏剧剧本。鉴于他非常强调艺术和电台的教育和政治功能,他的史诗剧理论似乎是为了使戏剧适应无线电传播而创作的。布莱希特自己非常清楚地说明了这一点:"史诗剧,因为其由单独的数字组成,也因为其诸多元素之间的分离(图像和文字之间的分离、文字和音乐之间的分离),但特别因为其教学态度,可以为广播提供大量实践性碰撞。"[20]当本雅明在拉西斯的引见下于1924年夏天在柏林首次与布莱希特见面时,本雅明非常专注于无线电广播。然而,本雅明关注的是无线电对剧院的影响,在某种程度上与布莱希特为了凸显史诗剧而热情利用技术相呼应。

在从1929年到1931年两人关系的"蜜月期",他们对电台和史诗剧进行了认真的讨论,此外还有卓别林电影所提供的主题,后者搭建了"布莱希特与本雅明的合作关系"[21]。布莱希特尤其鼓励本雅明在电台上的努力,而本雅明于1930年6月24日在西南德国电台播放了他的电台节目《布莱希特》。然而,本雅明和布莱希特对无线电的理解存在很大差异。

史诗剧的两个特殊特征催生了本雅明的无线电模型观念:对电影中蒙太奇技术发展的适应,以及对大众观众的典型新态度。本雅明定义了两种对戏剧不同类型的反应:保守派和进步派。保守的反应以作为"象征性和有机的整体"而存在并以总体艺术品(Gesamtkunstwerk)为目标的戏剧为代表,这其中以瓦格纳的歌剧最为典型(SW2,584)。面对传播媒介的发展,传统戏剧只能提供"活人"。招人充当临时演员,由大众充当纪念碑,将自己等同于领导和"悲剧英雄"。根据本雅明的说法,这种戏剧的主要原则植根于总体艺术品,因新媒介而导致地位的失落,迫使其做"困兽之斗"(SW2,778)。与戏剧幻觉形成鲜明对比的是,史诗剧试图充分适应新媒介对戏剧原则的推动:

> 相比与问世的新工具相竞争,戏剧应该寻求使用和借鉴它们——简而言之,与这些工具进行辩论。史诗剧将这场辩论视为分内之事。从电影和电台的发展现状来衡量,这才是当代的形式。(SW2,778)

本雅明意识到布莱希特关于戏剧政治化的理论符合

布莱希特对艺术世俗化和去审美化的强烈主张。本雅明特别感兴趣的是史诗剧在电台和电影这些新媒介的时代如何专门处理审美感知的问题,以及它如何利用传播技术来打破观众的视觉幻觉。本雅明对史诗剧在采用电子媒体原则时对观众采取类似方法的事实着迷。本雅明在他的文章《史诗剧是什么?》(SW4,302-307)中,在五个层次上强调了史诗剧的关键之处。

(1)史诗剧倾向于否认亚里士多德式的宣泄,即通过识别统治悲剧英雄一生的命运来净化情绪。因此,史诗剧使用蒙太奇所产生的碎片与总体艺术品的有机整体形成鲜明对比。

(2)与传统戏剧不同,史诗剧旨在引起"惊讶"(同样,爱森斯坦的蒙太奇效应试图唤醒"吸引力")而不是"同理心"。

(3)与讲故事中的交流方式大致相同,史诗剧的观众"集体"地以"放松"的方式跟随剧目,不像小说的孤立读者单独地沿着文本前行。观众被要求学习并受戏剧环境的挑战。

(4)因此史诗剧的任务是"揭露"条件,或使条件"**疏离**"(verfremden)。这种揭露(疏离或异化)是由"中断"正常过程所引起的。这种行动中断会产生听众与舞台之间的距离。这种中断行为倾向抵消观众那一边的任何戏剧性幻想,而这些幻想是剧院试图试验性地重新安排现实的障碍(SW2,778)。

（5）在考虑如何实现这种中断时，布莱希特为了戏剧而细致改写蒙太奇引起了本雅明的注意："我想展现的是……布莱希特发现并使用姿势（gestus）只不过是重复在电台和电影中关键的蒙太奇方法，从一种常常只是模态化的过程到人类事件。"（SW2，778）在史诗剧中被使用的蒙太奇的独特之处在于，它试图通过动作的中断来显露和揭示某些条件："现实生活中的堰塞，当生活的流动陷入停顿的瞬间，使其自身感觉到回流：这种回流令人惊讶。静止时的辩证法是其真实的对象。"[22]蒙太奇技术象征着戏剧和广播之间的交叉，这种技术实现了本雅明的辩证意象这一核心观念。在吉加·维尔托夫（Dziga Vertov）的《持摄影机的人》（*Man with a Movie Camera*）这样的电影中，本雅明发现了与蒙太奇技术之于史诗剧的类似中断效果。

在这个分析中，本雅明对布莱希特的全身心钦佩本身就是非常令人惊讶的。然而，必须指出的是，布莱希特和本雅明对蒙太奇的理解并不完全相同，而这种差异在很大程度上将他们的媒介教学法区分开。虽然布莱希特的异化效应产生并扩大了听众与舞台之间的距离，但本雅明的蒙太奇旨在消除这一缝隙。此外，虽然布莱希特的史诗剧旨在纠正物化和错误意识，但本雅明对戏剧实践的方法希望激发一种感官上的觉醒。史诗剧的主要目标是成为"科学时代的戏剧"。在史诗剧中，布莱希特的导演实践，他对控制和精确的坚持，以及他的教学剧那高度形式化的文本基础，都离本雅明的模型相去甚远，而本雅明的模型是基于即兴创作的概念。本雅明的模型强调了游戏本身的动作和儿童的参与，而布莱希特的戏剧更强调理性思考以及观众和演员之间的距离。因此，虽然对布莱希特而言现实和戏剧仍然可以清晰地区分，而在本雅明的叙述中，两者在一个舞台上融为一体。最重要的是，本雅明对戏剧的看法并非建立在理性主义的方法之上寻求控制演员的表现。相反，对观众和演员而言，它都是一个发现和学习的过程。更重要的是，他们对传播的主要观点彼此极为对立。一位强调对认知水平的关注，而另一位强调在感官层面上的分心。本雅明的交流观与布莱希特的"疏远"观形成鲜明对比，后者是建立在细致的感知基础上的冷静态度和批判性推理。布莱希特著名的戏剧概念"异化效应"（Verfremdungseffekt）依然工具性地联系着理性的解放力量和理性的意识形态批判中对社会的批判性解释。正如他在众多文章特别是《以剧为乐或以剧为课》（Theatre for Pleasure or Theatre for Instruction）中所阐明的那样，布莱希特明确区分了娱乐和游戏的作用与教育和"科学理解"的作用。[23]这种区别让布莱希特更加接近启蒙传统。为此，本雅明通过关注俄罗斯的儿童剧试验，努力探索戏剧实践对生理过程的影响。

作为游戏空间的戏剧

当他在莫斯科驻留两个月期间，本雅明了解了谢尔盖·爱森斯坦（Sergei Eisenstein）的戏剧试验，这些试验是在宣传运动"无产阶级文化"(Proletkult)的框架下展开的。与此同时,通过拉西斯,本雅明也遇到了一个新的儿童剧组合。回到德国,在广播和电影等新形式的传播媒介所带来的挑战使戏剧迅速过时的时期,本雅明特别关注儿童的戏剧空间,这受他在俄罗斯的经历影响很大。1928年末,本雅明写了一篇文章《无产阶级儿童剧节目》(Program for a Proletarian Children's Theatre),这一标题反映了拉西斯和布莱希特对他的强烈影响。然而,这篇文章并不像标题所体现的那样,既不限于简单的戏剧模式,也不限于对课堂兴趣的狭隘关注。资产阶级文化是以生产和传播知识为基础的文化,文章勾勒出一种完全替代性的教学模式,基于并超越苏联早期发展的范例,成为魏玛共和国工人阶级组织文化活动的一部分。

值得注意的是,本雅明的形式主义传播方式,重视技术和物质形式超过实质内容,使他断言空间是儿童日常生活中的一个重要问题。在他看来,儿童应该"在一个**明确界定的空间内**"接受教育,在这个空间中,他们应该全身心地投入并"全力以赴"(SW2,202)。他笃信剧院将让儿童释放他们最强大和最具创造力的未来能量。儿童的行为被认为是富有想象力的创造过程和审美教育的指标:"真正具有革命性的东西不是思想的宣传……真正具有革命性的是从孩子的姿态中得到的即将来临的**秘密信号**。"(SW2,206)对于本雅明来说,儿童在剧院等公共场所的游戏被认为是感官和创造性实践的统一能量。本雅明的原始德国观念"游戏"(Spiel)可以被理解为"嬉戏、游戏、表演、赌博"等多重含义。正如汉森所说,通过游戏,本雅明试图创造出一种"与现代的集体经验相提并论的替代性美学模式"[24]。

本雅明并不是第一个捕捉到游戏在社会和文化体系形成中的重要性并深刻意识到席勒(Friedrich Schiller, 1759—1805)所代表的美学教育的德国浪漫主义传统。[25]自从荷兰社会历史学家赫伊津哈(Johan Huizinga, 1872—1945)的著作《游戏的人——文化中游戏成分的研究》出版以来,该书已经成为讨论游戏时的必读书。在这个开创性且备受争议的文本中,赫伊津哈探索了历史上各种类型的游戏,并描述了游戏在文明进程中的形成作用。[26]尽管如此,他将游戏定义为某种类型的自由和自愿行为,完全被剥夺了任何物质上的利益和目的,要解释游戏、工作和劳动等人类行为的话就显得过于神秘和过于抽象。赫伊津哈相当理想主义的游戏概念很难掌握涉及传播技术发展、大都市空间的庞大规模以及消费和娱乐产业宣传的人类行为之物质条件。撇开赫伊津哈的遗产,本雅明的同代人法国社会人类学家与社会学学院(Collège de sociologie)创始成员罗杰·卡约尔(Roger Caillois, 1913—1978)在他的开创性作品《人、玩和游戏》(*Man, Play and Games*, 1958)中,试图通过将社会和经济因素纳入玩的文化语境,进而从社会学和人类学的角度更系统地构想玩和游戏的概念。[27]稍后我们将更详细地回到游戏在电影空间内对找回被异化的模仿能力所发挥的作用,但在此必须强调,本雅明从他对剧场空间的观察出发而产生的对游戏的早期洞见,为制定媒介教学法的主要轮廓提供了一些关键的主题。

第一,游戏的解放功能有助于扭转模仿能力的衰退。儿童游戏不是"模仿",而是能够与对象沟通:"孩子想拉东西,所以他**成为**一匹马;他想玩沙子,所以他**变成了**一位面包师;他想藏匿自己,所以他变成了强盗或警察。"(SW2,115;重点为本书所加)对于本雅明来说,卓别林表演的至高无上在于他自身和物体之间的对应关系。正如卓别林的行为所示,儿童的模仿能够以这种方式在主观和客观经验之间进行中介。

> 当游戏的冲动占据成年人时,这不仅仅是童年的回归。可以肯定的是,游戏总是在解放。孩子们被巨人世界所包围,他们利用游戏创造一个适合自己规模的世界。但是,成年人一旦发现自己受到现实世界威胁而无法逃脱,就会通过以简化的形式与世界的形象游戏来消除它所带来的刺痛。(SW2,100)

第二,本雅明的媒介教学法需要一系列感官的接受作用。童年的满足主要源于整个感觉器官的解放。因此,儿童的模仿行为不是基于沉思和理性的交流,而是基于感官上和肉体上的接触。重申这些支撑着本雅明论点的理论假设是重要的:创造性实践与儿童剧场中的接受感知成正比。儿童的色彩体验通过他们的触觉体现了对疏离的感官知觉整体的消解。因此,在本雅明的描述中,儿童对色彩的体验并不局限于光学感知,而是涉及整个感官知觉。

第三,在本雅明的叙述中,教师在剧场中的作用是用"不伤感的爱"来观察孩子们。观察,无论是远距离的、无动于衷还是非同情的,都是教育的起点,因为正是通过这一距离,每一个童年动作都成为一种"信号"。借此,本雅明反对传统的规训教育观。儿童的游戏拒绝成人/教师与儿童/学生之间的等级关系。以1929年的文章《共产主义教学法》(Communist Pedagogy)为代表,他似乎倾向于正统的马克思主义教育观(SW2, 273-275)。当然,他的立场比这更激进,他的批评是针对理性化的现代教育体系本身。在本雅明看来,即使是温柔的教育者仍然坚持卢梭式理想主义的梦想,认为人天生向善,其他像作家约阿信·英尔纳茨(Joachim Ringelnatz, 1883—1934)和画家保罗·克利(Paul Klee, 1879—1940)已经恰当地捕捉到了"儿童的暴虐和非人化的元素"(SW2, 101)。对于本雅明来说,儿童的创造力受到笃信规训和理性行为的旧欧洲人文主义教育方法所压迫。孩子的暴虐性格不是要纠正或训练的行为,而是解放人类感官的原始符号。几乎每个孩子般的姿态都是一个"命令"和"信号"。像收藏家一样,孩子们控制着被成年人所疏远的对象世界。教师的任务与观察者的任务相同——"从纯粹幻想的危险魔法世界释放儿童的信号并将其用作材料"(SW2, 204)。对于本雅明来说,孩子的暴虐性格标志着人类的本性,即"破坏性性格"(SW2, 541)。这个角色需要"年轻而愉快"且"总是无忧无虑地工作",看到"没有形象在他面前徘徊"也"没有什么会永垂不朽"(SW2, 541-542)。本雅明称赞儿童的破坏性性格是"毁灭者的阿波罗形象"

(SW2,541)。

第四，本雅明认为，儿童游戏的基础是"即兴创作"，这是儿童剧场行动的核心。儿童游戏也与现代都市生活相对应，像后者一样由瞬间碎片所组成："但是，童年成就总是不是针对产品的'永恒'，而是针对姿势的'瞬间'。戏剧是孩子的艺术形式，因为它是短暂的。"(SW2,204)儿童姿势那碎片化却即时的即兴创作带来了狂欢舞台上那些自发而不可预测的方面。

> 表演是培养过程中的巨大创造性暂停。它代表了在孩子们的王国中古老狂热中狂欢所是的东西。一切都被颠倒了；就像在罗马，主人会在农神节期间为奴隶服务，表演的儿童站在舞台上，指示和教导细心的教育工作者们。(SW2,205)

通过疯狂解放儿童的想象力，儿童剧场成为节日的空间。[28]

第五，儿童游戏与分心学习过程的习惯行为密切相关。在即兴创作的同时，运动的重复是"游戏的灵魂"，给孩子们带来了极大的乐趣。儿童游戏本身就是短暂的即兴创作，但这种行为的重复将其以无意识的方式转变为"习惯"："不是'仿佛在做什么'，而是'一遍又一遍地做同样的事情'，破碎的经验转变成习惯——这才是游戏的本质。"(SW2,120)对于本雅明来说，儿童玩具代表了一种能够中介形象和身体的技术，再次逆转了模仿能力的衰退。本雅明认为玩具是"集体的技术文化"之象征（SW2，119）。儿童玩玩具意味着技术与人类感知之间的交汇。克服资产阶级文化不是通过规训教育，而是通过愉悦的重复所产生的习惯行为来实现的。习惯是非沉思的实际记忆的范例，而后者又反过来在公共空间中集体地执行。在本雅明看来，儿童游戏包含革命性的原则，这些原则基于日常生活中的感官器具的转变，并通过游戏空间进行。

结　论

本雅明积极参与无线电广播，他的众多广播台本以及他自己形式化的无线电广播模式，表明他希望实际尝试这些理论上的关注，将之作为一种媒介化讲故事形式的行动来探索无线电广播的潜力。然而，本雅明的方法并不旨在怀旧地复兴作为面对面交流的讲故事。他对交流的叙述形式的兴趣不仅关系到社群沟通中的口头性（或语言的拟声元素），还涉及人类感知的共时变化。对于那些被疏远和分散的感官，本雅明的媒介教学法进一步寻求一种方法来实现一个时刻来唤醒和寻回它们。在像剧场这样的公共空间中，新的集体不是通过知识导向的规训而是通过游戏导向的交流来实现的。本雅明对诸如儿童剧场和影院这样的美学公共空间的兴趣，是某种情感交流，旨在超越以目标为导向的理性行动。

然而，在这一点上，仍然不清楚将讲故事作为一种交流原型的本雅明，是否将视觉交流与都市景观交织在一起理解为不可避免地会减弱的交流。因此，应该问的是，本雅明基于像讲故事这样社群传播的无线电模型之原则，在多大程度上适用于其他交流方式。本雅明对交流的描述的这一方面提出了一个关键问题：在视觉景观主导的现代社会中，观众的批判性判断能力如何能得到改善。

当电视到来时，无线电广播那短暂的主导时代是否最终在1940年就结束了，这仍然值得追问，并且可能很重要。从那时起，无线电广播就被作为一种旧媒介而宣布死亡，但我们目睹了无线电在过去60年中一直吸引听众，并且在互联网时代幸存下来。这提出了一个新问题："流媒体的互动和直播方面是否定义了在线聆听体验？"[29]个人和私人听众在开车、阅读、跳舞等时都会收听广播。数字技术大大增加了无线电通过互联网或播客的可访问性，也大大增加了听众通过即时互动的参与，即使听众遍及全球。无线电的不断增长的力量表明，旧的媒介并不容易被新技术取代。这也适用于数字时代书籍的命运。事实上，无线电的弹性显示了讲故事的强大力量，正如英国摇滚乐队皇后乐队所唱的那样，它是人类的"老朋友"。

注释：

[1]Anton Kaes and Martin Jay（eds）,*The Weimar Republic Sourcebook*（Berkeley, CA: University of California Press, 1994）, p.594.

[2]John Potts, *Radio in Australia*（Sydney: New South Wales University Press, 1989）, p. 103.

[3]Sabine Schiller-Lerg, 'Walter Benjamin, Radio Journalist:

Theory and Practice of Weimar Radio', *Journal of Communication Inquiry* 13 (1989): 45.

[4]原稿已不存世,但他写在这一时期的其他文章有助于追踪他的莫斯科之旅和他对俄罗斯政治和文化环境的分析,这包括《俄罗斯作家的政治集团》(SW2, 6-11),《莫斯科》(SW2, 22-46)和《莫斯科日记》(*Moscow Diary*, Cambridge, MA: Harvard University Press, 1996)。

[5]Arno Schirokauer, 'Art and Politics in Radio' (1929), in *The Weimar Republic Sourcebook*, p. 609.

[6]通过无线电广播和双面碟片让"舞曲"触手可及引发了对"爵士乐热"和德国文化美国化的担忧。作曲家兼布莱希特的合作者库尔特·威尔(Kurt Weil)认识到了音乐机械化的意义[Kurt Weil, 'Dance Music' (Tanzmusik, 1926), in *The Weimar Republic Sourcebook*, p. 597]。

[7]Bertolt Brecht, *Brecht on Theatre: The Development of an Aesthetic* (London: Methuen Drama, 1974), p. 51.

[8]Brecht, *Brecht on Theatre*, p. 52.

[9]席勒-莱格(Sabine Schiller-Lerg)的大量工作是迄今为止对本雅明广播活动最有信息量的资源,其中包括本雅明节目日期的详细列表及其技术细节。对本雅明电台节目的分析受惠于她的严谨研究。Sabine Schiller-Lerg, *Walter Benjamin und der Rundfunk: Programmarbeit zwischen Theorie und Praxis* (Munich: K. G. Saur, 1984)。布克-莫斯(Buck-Morss)以童年回忆为重心为本雅明的广播稿件做了评注。Susan Buck-Morss, '"Verehrte Unsichtbare!": Walter Benjamins Radiovorträge', in Klaus Doderer (ed.), *Walter Benjamin und die Kinderliteratur: Aspekte der Kinderkultur in den zwanziger Jahren* (Weinheim: Juventa Verlag, 1988), pp. 93 – 119。梅尔曼(Jeffrey Mehlman)对本雅明儿童节目的稿件做了字面分析,见 *Walter Benjamin for Children: An*

Essay on His Radio Years (Chicago, IL: University of Chicago Press, 1993).

[10] 相关的剧目包括: 'Robber Bands in Old Germany', 'Bastille, the Old French State Prison', 'Caspar Hauser', 'Dr. Faust', 'Cagliostro', 'Borsig' and 'Theodor Hosemann'. 这些都只有德语版。

[11] 'The Bootleggers or the American Alcohol Smugglers', 'Stamp Swindlers' and so on.

[12] 'The Downfall of Herculaneum and Pompeii', 'The Mississippi Flood of 1927', 'The Railway Disaster at the Firth of Tay' (SW2, 563-567), 'The Canton Theatre Fire', 'The Lisbon Earthquake' (SW2, 536-540) and so on.

[13] 'Demonic Berlin' (SW2, 322-326), 'Moscow' and 'Naples'.

[14] 'Myslovitz-Braunschweig-Marseilles: The Story of a Hashish Trance' (SW2, 386-393).

[15] 'The Cold Heart'.

[16] 'True Dog Stories'.

[17] 'Children's Literature' (SW2, 250-256), 'Bert Brecht' (SW2, 365-371), 'Unpacking My Library: A Talk about Book Collecting' (SW2, 486-493) and 'Franz Kafka: *Beim Bau der Chinesischen Mauer*' (SW2, 494-500).

[18] Schiller-Lerg, 'Walter Benjamin, Radio Journalist', p. 46.

[19] 与 20 世纪二三十年代从事内容或文本分析的大多数无线电研究人员不同,受过专业训练的音乐学家阿多诺积极研究无线电广播对音乐的影响,并试图制定无线电理论,特别是"无线电的相面术"——阿多诺所谓"研究'无线电语音'的表达要素"。见 T. W. Adorno, *Current of Music: Elements of a Radio Theory*

(Cambridge: Polity, 2009), p. 49.阿多诺对文化产业的分析见《论音乐中的拜物教和聆听的回归》(On the Fetish Character in Music and the Regression of Listening),该文以与本雅明的《技术复制时代的艺术作品》的论战而闻名,同时也是他于 1938 年至 1941 年间作为保罗·拉扎斯菲尔德(1901—1976 年,奥地利社会学家)领导下的普林斯顿无线电计划的音乐总监展开的研究活动。

[20]Bertolt Brecht, 'Radio as an Apparatus of Communication', *Screen* 20 (Winter 1979/1980), pp.24-25.

[21]Elizabeth Wright, *Postmodern Brecht* (London: Routledge, 1989), p. 76.

[22]Walter Benjamin, 'What Is Epic Theatre? [First Version]', in *Understanding Brecht* (London: Verso, 1998), p. 13.

[23]Brecht, *Brecht on Theatre*, pp.69-77.关于布莱希特强调媒介在社会向社会主义转型中的角色,见 Roswitha Mueller, *Bertolt Brecht and the Theory of Media* (Lincoln, NE: University of Nebraska Press, 1989), pp.28-29.

[24]Miriam Hansen, *Cinema and Experience: Siegfried Kracauer, Walter Benjamin and Theodor W. Adorno* (Berkeley, CA: University of California Press, 2012), p. 183.

[25]Friedrich Schiller, *On the Aesthetic Education of Man in a Series of Letters* (1794).在法兰克福学派的传统中,马尔库塞更加从社会心理学的角度关注游戏和审美教育在发达资本主义社会中发挥的作用。Herbert Marcuse, *Eros and Civilization: A Philosophical Inquiry into Freud* (Boston, MA: Beacon Press, 1974) and *The Aesthetic Dimension: Towards a Critique of Marxist Aesthetics* (New York: Beacon Press, 1978).

[26]赫伊津哈效法席勒,这样定义游戏:"总结游戏的形式特征,我们可以称之为以'不严肃'来非常有意识地处于'普通'生活之外的自由活动,但同时又强烈而彻底地吸收了玩家。这是一项

没有物质利益的活动,不能从中获利。它按照固定的规则和有序的方式在适当的时间和空间边界内进行。它促进了社会群体的形成,这些群体倾向于用秘密包裹自己,并通过伪装或其他方式强调他们与外部世界的差异。"Johan Huizinga, *Homo Ludens: A Study of the Play-Element in Culture* (Boston, MA: The Beacon Press, 1950), p. 13.

[27]在流亡巴黎期间,本雅明结识了社会学学院的成员,这群法国知识分子主要包括巴塔耶、克罗索夫斯基(Pierre Klossowski)与卡约尔,见 Denis Hollier (ed.) *The College of Sociology* 1937—1939 (Minneapolis, MN: University of Minnesota Press, 1988).本雅明的著名论文《技术复制时代的艺术作品》首先于 1936 年以法语出版,由克罗索夫斯基翻译。本雅明经常参加由该团体组织的聚会,并对他们对超现实主义过分强调都市生活的幻想展开的批评感兴趣。在分析《拱廊街计划》中城市空间的幻象式表象时,本雅明提到了卡约尔的作品,比如《巴黎,神话现代》[AP (M11a, 5) and (M12,1), 439]和《螳螂——对神话的本质和意义的考察》[AP (Z2a,1), 696]。在他试图阐述"模仿能力"的概念时,本雅明借鉴了卡约尔在人类学和社会生物学语境下对模仿的研究(Hansen, *Cinema and Experience*, p.147)。然而,本雅明对这个封闭的秘传圈子的整体反应并不是非常积极的,担心这个圈子与"前法西斯主义唯美主义"的亲和力,见 Pierre Klossowski, 'Between Marx and Fourier', in Gary Smith (ed.), *On Walter Benjamin: Critical Essays and Recollections* (Cambridge, MA: MIT Press, 1988, p. 368).本雅明用笔名对卡约尔的论文写了一篇名为《干旱》[L'Aridité' (GS III, 549-552)]的严厉批判性批评(GS III, 549-552)。有关本雅明与社会学学院之间关系的更多细节,见 Michael Weingrad, 'The College of Sociology and the Institute of Social Research', *New German Critique* 84 (Autumn 2001): 129-161.

[28]值得注意的是,英国文学评论家特里·伊格尔顿(Terry

Eagleton)搭建了俄罗斯文学评论家米哈伊尔·巴赫金(Mikhail Bakhtin)对狂欢节的分析与本雅明对儿童游戏的观念之间的亲和力。Eagleton, *Walter Benjamin or Towards a Revolutionary Criticism* (London: Verso, 1981), esp. 'Carnival and Comedy: Bakhtin and Brecht', pp.142-172.

[29] Geert Lovink, 'Radio after Radio: From Pirate to Internet Experiments', in *Networks Without a Cause: A Critique of Social Media* (Cambridge: Polity, 2011), p. 122.

第四章 技术复制时代的艺术和政治

导 论

在20世纪30年代,本雅明专注于摄影和电影等新视觉技术以前所未有的规模对人类感官、认知能力和审美实践方面所施加的影响。这些新技术所带来的新兴大众文化似乎与绘画、诗歌和歌剧等传统形式的高雅艺术有着根本的不同。新技术文化和政治的兴起促使他创造了一种与新技术进步相呼应的新艺术理论。他在1935年10月16日给霍克海默的一封信中揭示了他全面反思艺术命运的雄心:

> 这一次的问题是指出在当下的特定具体时刻,任何历史建构将自我定位,直至其消失的那一点。如果本书的托词是19世纪艺术的命运,这个命运想向我们述说些什么只是因为它被包含在我们双耳所及的钟表之嘀嗒声中。我的意思是,艺术的命运时刻已经来到我们面前,我在一系列题为《技术复

制时代的艺术作品》的初步反思中捕捉到了这个时刻的标志。这些反思试图赋予艺术理论所提出的问题一种真正当代的形式。(C, 509)

本雅明的反思最终凝结在他的重量级作品《技术复制时代的艺术作品》中。这部作品被誉为对电影和电影研究最具原创性的贡献之一，并受到银幕研究、文化研究、城市研究乃至美术领域等各个学科的广泛关注。尽管被各领域不约而同地接受，但该文实际上是一部未完成的作品，并有各种版本。在1935年秋天在巴黎写成第一版后，本雅明继续修改手稿，并在1939年留下了第三版也是最后一版。第二版更接近本雅明最初构思的原始结构，其缩略形式被翻译成法语并于1936年5月发表在社会研究所的期刊《社会研究期刊》(*Zeitschrift für Sozialforschung*)上。作为第一个考虑因素，该文突出了现代技术设备对人类感官能力的深远影响。当然它将这种影响与文化的更广泛历史转变独到地联系起来，后者指的是由在都市资本主义现代性中出现的新大众文化取代文学文化。借此，该文试图把握作为这种新媒介文化主角的新大众的崛起，并评估其政治含义。

毫无疑问，该文是他制定"唯物主义"艺术理论这一终生尝试的高潮。尽管如此，半成品的特征以及各个版本的重要修订造成了复杂的结构。鉴于其结构之繁复，我们借鉴《分心理论》(*Theory of Distraction*, SW3, 141-142)这一本雅明在开始撰写该文之前不久写下的片段中他本人的大纲。在这个写作计划中，他整合了三个开创性的主题概念:"复制、分心、政治化。"这三个关键概念指导我们以系统的方式重构《技术复制时代的艺术作品》,并批判性地评估其与当今媒介文化的理论相关性。

摄影复制性

关键作品

《有关花的新闻》(1928年)

《摄影史》(1931年)

《保罗·瓦莱里》(1931年)

《严谨的艺术研究》(1932年)

《法国作家的当下社会状况》(1934年)

《技术复制时代的艺术作品(第二版)》(1936年)

《巴黎来信2——绘画和摄影》(1936年)

艺术与技术

在艺术作品中,本雅明介绍了"技术复制性"是摄影的一个关键方面,这不仅是指复制的技术能力,而且更重要的是,揭示了历史变革的核心:"关键不是在其时代背景下描绘文学作品,而是在其出现的时代中表述感知到作品的时代——也就是我们的时代。正是这使文学成为历史的器官。"(SW2,464)本雅明通过"技术复制性"强调"永远不会完全实现或可实现"的技术潜力。[1]借此,他的目的是阐明艺术作品与历史性之间的高度互惠,即技术发展与特定历史时代的对应关系。本雅明从三位著名人物中汲取了艺术作品和技术之历史性的概念。首先,第一位是奥地利艺术史学家李格尔(Alois Riegl, 1858—1905)。虽然传统艺术评论家倾向于从艺术标准的升降来看待艺术史,但李格尔反对这种传统的形式主义,并假设艺术和艺术史的特定风格之间在"艺术意志"或"内在艺术意志力"(Kunstwollen)的意义上互惠。在他的《罗马晚期的工艺美术》(*Late Roman Art Industry*, 1901)中,他这样定义这个概念:"可塑的艺术意志主宰着人与事物明显可感的外观之间的关系。艺术表达了人们想要看到事物被打磨或上色的方式,正如诗意的艺术意志表达了人们希望想象的方式。人不仅是一位被动而感性的接受者,也是一个渴望着并活跃的存在,希望如此这般解释世界。"[2]李格尔强调,基本意图在创作艺术作品和延续艺术的历史过渡上发挥着作用。从这个角度来看,晚期罗马的工艺美术不像传统艺术评论家认为的那样是颓废的风格,而更多是从古代到现代的某个过渡阶段。这引导本雅明认识到只有当技术发展的某些阶段被视为社会和政治条件时,才能把握艺术的历史性。在艺术意志的意义上,李格尔有兴趣展示感觉器官与文化表达之间的交叉,并重估"在电影新媒介以其动态影像的明显物理直观性给观众留下深刻印象的时代,视觉艺术的空间性质是什么"[3]。他对触觉和光学影像的区分有助于本雅明从观众与影像之间的"相互构成交换"和技术、身体和空间之间多维互动这两重视角研究电影体验的生理本质。[4]李格尔强调观众对接收过程的积极身体参与,这为本雅明分析电影体验的生理特征与集体主体性新模式的兴起提供了一个关键的理论主题。

其次,包括柯布西耶(Le Corbusier)、阿道夫·路斯(Adolf Loos)和齐格弗莱德·吉迪翁(Siegfried Giedion)等中欧的现代主义建筑项目激发了本雅明对空间感知变化本质的批判性想象。特别是吉迪翁的《法国建筑》(*Building in France*, 1928)这本关于铸铁和玻璃建筑起源的书,影响了本雅明理解现代主义建筑项目和从个体视觉到集体触觉的感知转变。正如麦科尔(McCole)所指出的那样,本雅明在前卫建筑中看到的"不是一种理性化和效率的模式,而是一种打破资本主义社会之社会实践形式的建设性期待"[5]。从激进地接受技术这一角度来看,无论是建筑或传播技术,本雅明都被技术的巨大潜力及其在改变审美实践性质中的构成作用所吸引。对于本雅明来说,建筑作为艺术品的原型,适合采用触觉分心的方式。在他对空间与人体感官之间交互的分析中,本雅明将触觉感知作为场所体验的重要特征:

> 建筑物以双重方式被接收:通过使用和通过感知。或者,更确切地说,通过触觉和光学。著名建筑物面前集中注意力的旅行者无法理解这种感知。在触觉方面,没有与光学方面上的沉思相对应的东西。触觉接收不仅仅是通过行为来引起注意。后者在很大程度上决定了对建筑的光学感知,自发地采取随意浏览的形式,而不是集中注意力观察。在某些情况下,这种由建筑塑造的接受形式被奉为圭臬。(SW3, 120)

在他看来,建筑是一种工程技术,它通过重新分配时空感知来从"艺术"中解放建筑,又与绘画等艺术作品的光学感知不同。

再次,法国诗人和文学理论家保罗·瓦莱里(Paul Valéry,1871—1945)的作品引导本雅明思考知识活动对技术进步的从属性,并探讨唯物主义艺术理论如何应对资产阶级有关艺术、艺术家和理智主义的理想之恶化。本雅明写于1931年的一篇文章《法国作家的当下社会状况》(SW2,744-767)强调了瓦莱里独特的建构主义艺术方法,引起了人们关注技术对艺术本身的影响。虽然古典人文主义将创造性写作的来源归功于天才、灵感、创造力、永恒价值、神秘和精神等能力,但瓦莱里试图通过将文学作品主要视为技术生产的结果来为艺术创造力去神秘化。与浪漫主义或反现代主义的反应相反,瓦莱里描述艺术的技术本质并不是试图找回过时的人文主义的艺术观念。瓦莱里对艺术的技术理解使本雅明不是将艺术品视为创作和灵感,而是视为一种建构和技术,其中"分析、计算和规划扮演着主要角色"(SW2,757)。艺术家不过是工程师或制片人,一位美学或文学的工程师。

最后,匈牙利画家和摄影师拉兹洛·莫霍利-纳吉(László Moholy-Nagy,1895—1946)强调了摄影在生产和复制上改变认知和感知的技术潜力。这位现代主义者对摄影对于感知和审美反应的现代化和理性化施加的影响富有洞见,令本雅明着迷不已。莫霍利-纳吉写于1922年的开创性文章《生产与复制》(Production and Reproduction)将摄影描述为一种技术假体,预示了麦克卢汉后来将媒介视为身体的延伸。莫霍利-纳吉是魏玛时期著名的包豪斯学院的明星设计教授,他强烈主张将建构主义作为一种新的艺术和设计原则,认为艺术应该通过新技术融入工业中。在他的开创性包豪斯著作《绘画、摄影、电影》(Painting, Photography, Film, 1925)中,莫霍利-纳吉试图通过利用拼贴、蒙太奇甚至 X 光成像等所有创造性技术,从科学的角度揭示所有视觉艺术之类型、音频和视觉感知之间的相互关系。[6]效法这些对艺术的技术观点,本雅明打算展示诸如摄影这样的新媒介如何挑战迄今为止占主导地位的审美概念(例如美的表现形式、艺术家的自主性以及艺术本身的概念),并提出大众文化的新原则。摄影的出现不仅仅是技术的提高;它还证明了传统艺术形式的深层次危机并恰逢新社会政治体制的出现。在他对技术复制性的使用中,"技术"的含义是双重的。在狭义的语境中,该术语指的是复制艺术品的特定技术,例如蚀刻、印刷和光刻。而在更宽泛的语境中,则指的是"社会关系"的再生产。在摄影复制性的时代,艺术的复制意味着更少的多元化,或"仅仅是个体事件的集合",而更多地意味着"大众"[7]。印刷术和报纸的发展分别对应资产阶级的兴起和工业资本主义的出现,而摄影技术的进步则标志着大众社会的兴起和资产阶级文化的危机。

艺术作为摄影

对于本雅明而言,摄影指明了新艺术形式和新社会这两者的出现。自 1838 年达盖尔（Louis Jacques Mandé Daguerre）在其巴黎工作室首次成功实验以来，摄影的出现迅速超越了之前所有的复制技术，并导向了完全不同的媒体文化阶段。复制技术的历史转变从希腊时代的铸造和冲压，到中世纪向木版画、雕刻和蚀刻的进步，再到 18 世纪末的平版印刷使造型艺术得以绘制生产日常生活画面的插图。然而，摄影是"第一个真正革命性的复制手段"，深刻地强化了人类的感觉器官，使新的审美体验能够延伸到整个社会范围。本雅明写于 1931 年的文章《摄影小史》(Little History of Photography)是首批就摄影引发的诸多问题展开的综合研究之一。此前，仅为统治阶级所绘制和拥有的肖像被认为是其权威的象征和权力的景观。摄影制造了资产阶级家庭，然后是大众——自己形象的拥有者。相比为贵族美化的绘画，摄影对现实的诚实反映真正满足了普通人的审美期望。早期摄影主要是家庭照片的事实部分表明，摄影图像本身仍然只被认为是绘画的技术替代品，尽管它能够产生更真实但忧郁的家庭形象。正如布迪厄（Pierre Bourdieu）所指出的那样，作为庸俗艺术象征的摄影"完全满足工人阶级的审美期望"[8]。虽然由银版照相和盐画制作的早期摄影图像仍然笼罩在神秘之中，但现代摄影师现在开始将摄影思考为一种传播技术，开始用新的现实取代绘画的信息功能。摄影压制绘画的那一刻至关重要："随着摄影的兴起，传播技术降低了绘画的信息价值。与此同时，一个新的现实展开，面对这个现实，任何人都无法对个人决策负责。人们开始诉诸镜头。部分地来说，绘画开始强调色彩。"[AP（Y5,3），678]在他的文章《摄影小史》中,本雅明仔细研究了20世纪二三十年代著名的现代主义摄影师们,是他们最终将新交流技术的潜力从旧的审美形式中解放出来,即"拜物教式的和根本上反技术的艺术概念"(SW2,508)。

德国摄影师兼柏林美术学院教授卡尔·布劳斯菲尔德(Karl Blossfeldt,1865—1932),以高倍放大的植物解剖学特写照片而闻名。在他的开创性著作《艺术的原始形式》(*Urformen der Kunst*,1928)中,布劳斯菲尔德试图演示通过模仿在自然界中重复出现的形式,摄影使我们能够将自然作为一名大师级教师。在《关于花的新闻》(SW2,155-157)中,本雅明对布劳斯菲尔德的书进行了简短回顾,并介绍了摄影现实的问题,认为布劳斯菲尔德的照片将相机的微观能力释放到一个新配置的现实中。摄影接近自然的关键功能为艺术作品去神秘化,但更重要的是,摄影揭示了一种新的现实,即技术上重新配置的现实比自然更自然。正如默廷斯(Mertins)恰当总结的那样,本雅明对布劳斯菲尔德照片的分析记录了他各种观念之间的联系:"最精确的技术可以赋予其产品以神奇的价值";"摄影的放大效果可以揭示事物在面相(physiognomic)的表面内的一个秘密",并且"这个秘密可见于一个微小的偶然性火花,而现实已经用这个火花灼烧了主体"[9]。当摄影图像崛起,对现实的感知本身就开始受到严重挑战。本雅明以同样的线索探讨了德国肖像和纪录摄影师奥古斯特·桑德尔(August Sander,1876—1974)的作品,他的系列作品"20世纪的人物"(People of the 20th Century)展出了一群不同的人物的肖像（厨师、马戏团成员、银行家等等）。受到新客观主义艺术运动（Neue Sachlichkeit）的启发,桑德尔试图将人们的形象从资产阶级肖像画的限制性惯例中解脱出来。对于本雅明来说,桑德尔的摄影形象"不再是肖像",而是"从科学观点"创造的"巨大的面相画廊"(SW2,520)。如果说桑德尔的照片是从肖像中解锁对人们的科学记录,那么法国摄影师欧仁·阿杰(Eugène Atget,1857—1927)决定性地将摄影现实从绘画那继承来的风景美学中解放出来。最后人们从照片中消失了:阿杰的巴黎街道和周围的照片只包括空洞的空间和废弃的物体。他的摄影图像用"人与周围环境之间的有益疏远"取代了早期摄影中的"异国情调和浪漫雄浑"。他是"一位演员","擦掉了面具,然后着手为现实卸妆"(SW2,518)。本雅明将阿杰的照片功能与超现实主义者的作品联系起来。超现实主义文艺作品通过将熟悉的物体放入不熟悉的情境,努力模糊城市生活的神话和现代特征之间的界限(例如杜尚的小便池)。阿杰的照片用于陌生化最熟悉的物体,唤醒了旁观者的无意识。有什么比我们的街道更令人熟悉？阿杰的巴黎街头照片根除了仍然植根于"衰落时代的传统肖像摄影"(SW2,518)中的神秘图像,从而将照片作为技术的人造物从绘画的奴役中解放出来。

本雅明在此强调的理论问题是现代主义摄影改变了艺术与技术之间的关系。我们不再考虑"作为艺术的美学的摄影",而是"艺术作为摄影"的社会意义(SW2,520)。摄影的技术本质不仅揭示了迄今为止未知的自然现实,而且揭示了现实本身的社会维度。在这一点上,本雅明对艺术作为摄影的看法通过突出实际现实向功能现实的滑动来挑战表现的客观性。本雅明赋予摄影实践极大的可信度,通过渗透现实来为物化的现实祛魅和去神秘化。在摄影时代,现实很难免于技术装置,成为"诡计之高度"。认识到现实的技术构成,本雅明因此称无中介或无技术的现实为"技术之乡的吹花"(SW3,115)——一种中世纪诗人追求却从未找到的想象之花。摄影技术让任何对现实和幻觉表现形式的传统质疑都毫无意义。现实成为人为重新配置的对象,从某种意义上说,所有经验都变得技术化,因为技术这个术语本身就意味着感知的人为组织。关于摄影技术特有的现代审美体验本质的问题并不是认知到了**什么**,而是旁观者**如何**看待图像。

同样地,本雅明强调摄影在建构社会现实本身中的作用,在于为现代大众消费社会提供社会现实的具体形式,而不是将摄影图像仅仅视为表象的错觉。广告是摄影美学化社会现实的能力所产生的必然结果。摄影的复制性导致了插图杂志的蓬勃发展,附庸风雅的新闻和社会现实的摄影美化显著具体化了人际关系,换句话说,"它们不再明确"(SW2,526)。在本雅明看来,摄影为商品文化的大规模景观提供了物质条件。

光晕的衰落

光晕,在希腊文中指的是"微风或呼吸",这是本雅明艺术、技术和经验思想的一个核心概念。这个术语首次出现在1930年3月他试大麻的文件(《大麻,1930年3月初》,SW2, 327-330)中。从"神智学"的视角来看,他认为光晕是一种日常现象,即"一种把客体或存在像在一种情况下封闭其中的装饰性光晕"(SW2, 328)。为了强调来自日常物品的神奇光线,本雅明举例说,在梵高的晚期绘画中,"光晕似乎是与各种物体一起被画出来的"(SW2, 328)。这个概念在《摄影小史》和《技术复制时代的艺术作品》中得到了更深入的阐释。他把这与现代主义摄影的成就联系起来,特别是阿杰的摄影:"他第一个消除传统肖像摄影在衰落的年代所产生的令人窒息的气氛。他清理了这种氛围——确实,他完全消除了它,他开始从光晕中解放物体。"(SW2, 518)然后,本雅明提供了一个相当神秘的光晕定义:

> 一种空间和时间奇异编织:距离的独特的外观或表象,无论有多么接近。在夏日的午休时目光追踪地平线上的绵延山脉,或者投射在观察者身上的树枝阴影,直到某一瞬间或时刻成为其外观的一部分——这就是呼吸这些山峦和那根树枝的光晕。(SW2, 518-519)

他有关摄影和电影的文章中的光晕概念说明了一种感知艺术作品的特殊方式,聚焦于艺术品与旁观者之间的互惠。如上所述,对山的体验之独特性涉及特定时间和地点的结合,即当下(主客体之间)的共存和距离。然而,摄影技术并没有将其图像世界的经验局限于特定的时间性或空间性。就光晕而言,引述中的自然体验的含义也适用于艺术作品。本雅明将艺术作品的不可复制性与技术上天生可复制的摄影图像进行了对比。更具体地说,虽然光晕体验关系到独特的持续时间和神话式距离,但摄影图像的体验源于其随处可见和瞬时接近。传统的审美体验模式(例如绘画)取决于艺术作品与观察者之间的足够距离——距离是反思和审美判断的先决条件。相比之下,摄影图像产生自大众希望减少这一距离且不回馈他们的目光。光晕的衰落需要审美自治的传统形式终结,而复制的摄影图像与旁观者之间互惠的崩溃构成了后光晕大众文化的核心基础。

> 如果看到由**非自愿回忆**(mémoire involontaire)引起的图像的显著特征能在其光晕中看到,那么摄影就会在"光晕衰退"的现象中产生决定性的影响。令人不可思议的是,在达盖尔模式中长时间盯着屏幕是不人道乃至致命的,因为相机记录了我们的相貌却没有回馈我们的凝视。然而,在凝视中固有的是期望凝视被其所投注的对象回馈。(SW4,338)

摄影技术初期阶段的对象是肖像(无论是父母、孩子、恋人还是自己)这一事实说明新兴大众渴望拥有他们的形象,这是此前他们都无法接近、不为他们提供的形象,也从而破坏了审美对象的独特和真实本质。当然,这种主要愿望在数码相机的时代仍然存在,或者甚至通过个性化的数字传播技术得到了增强。但有一件事是肯定的:在复制的过程中,原始的光晕已经开始减弱:"客体的表层剥落,光晕被破坏,是一种感知的象征,这种感知对事物相同之处的感觉已经发展到这样一种程度,即使是单一的、独一无二的,也会通过复制剥夺其独特性(SW2,519)。在此,光晕的概念意味着艺术作品独特而不可接近的特征,即艺术作品的特定时空背景,特别是在其原创性和真实性上,"艺术作品的此时此地"或"其在特定地方的特定存在"(SW3,103)。光晕无法被复制。

正如光晕的概念有助于定义绘画、戏剧和音乐等传统艺术作品的精髓,它的衰落也相应地反映了与不断变化的社会和技术条件相适应的新艺术模式的诞生。本雅明将商品的概念定位于他对艺术与社会密集互惠的分析之中心,并采用了两个来自马克思政治经济学方法中分析商品价值体系的方法的概念:"崇拜价值"(Kultwert)和"展览价值"(Ausstellungswert)。"崇拜价值"代表着艺术的仪式和神奇特征,而"展览价值"则指向展出艺术的技术方面。光晕的衰落标志着崇拜价值被展览价值所取代。与绘画一样,方兴未艾的摄影也被崇拜价值所包围。随着人类主体退出摄影图像,展览价值第一次开始优先于崇拜价值。阿杰的荒凉巴黎街道照片显示出光晕的减弱和仪式体验的衰落。

由于本雅明认为展览价值取代了崇拜价值,就出现了两个主题意义的领域:艺术的量变和艺术本质的质变。所谓量变,崇拜价值是指艺术作品的深奥本质以及只有专属群体的有限可触及。随着技术复制的发展(例如,艺术作品从一个地方到另一个地方的可能性增加),艺术展

第四章 技术复制时代的艺术和政治

览的机会增加。在艺术作品的可接近性和独特性的背景下,其展览价值的出现说明了艺术的公共可及性和可见度提高。随着艺术变得越来越容易被大众接受,植根于艺术作品的不可接近性的光晕也就消散了。这就是技术复制的革命性功能,它实现了**"当今群众'接近'事物的渴望,以及他们同样热情地关注为了克服每件事物的独特性而将其作为一种复制来吸收"**(SW3,105;重点为本书所加)。接受视觉形象的民主化与"大众的激增"及"其动作越来越强烈"(SW3,105)密不可分地交织在一起,这促成了艺术作品本质的另一个变化。人群被复制,因为它在大众的形象中自我遭遇。

摄影技术的快速发展加速了相机在现代文化中的个人使用:"相机变得越来越小,越来越容易捕捉转瞬即逝的秘密图像,这些图像的冲击效应足以使旁观者的联想机制瘫痪。"(SW2,527)私有化和个人拥有的摄影通过在图片杂志或新闻片中代表大众来加速"生活条件的文学化",就像报纸将人群变成阅读的公众一样。由于个性化的摄影,我们目睹了一个新的公众的崛起,他们不断记录自己的日常生活并与其他公众分享这些图片。通过当代日常使用各种社交媒体不断分享数码照片,我们可以轻松地观察到"生活条件的文学化"的社会影响。随着摄影图像广泛传播的出现,一种新的媒介读写能力开始了。在摄影(即复制的图像、人工现实)时代,每个人都有权制作、拥有和传播自己的图像,"文盲"指的是"无法阅读自己的照片的摄影师"(SW2,527)。

至于艺术的质变,则与其功能有关。艺术作品的真

116

正独特价值在于仪式。在前现代,艺术作品的主要功能是作为魔法或宗教的工具。新媒介从"其对仪式的寄生依赖"中解放了艺术,策动了艺术在自治上的崩溃,但"艺术的整个社会功能(已经)彻底革命化了"(SW3, 106)。展览价值的优势表明艺术的社会功能是基于"政治"的。艺术的主要政治功能是调解"自然与人性"之间的相互作用,即"在统觉中训练人类"。正如我们将要看到的,除非仔细考虑本雅明对新媒介政治属性的描述,否则就无法理解光晕的衰落。摄影的发明绝不意味着光晕本身的破坏,相反,它涉及破坏艺术崇拜价值的技术条件之出现。崇拜价值可以通过任何形式的新媒介复活,尽管是不连续的:本雅明在纳粹德国的"元首崇拜"出现以及好莱坞娱乐业的明星崛起中看到了这一点。就这些前文所述的能力而言,本雅明对艺术和大众文化的分析代表了20世纪20到30年代这个极权主义在整个欧洲迅速兴起的政治动荡时代。我将在本章第三节回到媒体和政治问题。

分心的媒介文化

关键作品

《论俄罗斯电影的现状》(1927年)

《答复奥斯卡·施密茨》(1927年)

《回顾卓别林》(1929年)

《米老鼠》(1931年)

《电影辩证结构寻求表达的公式》(1935年)

第四章 技术复制时代的艺术和政治

《分心论》(1936 年)

《波德莱尔笔下第二帝国的巴黎》(1938 年)

《技术复制时代的艺术作品(第三版)》(1939 年)

光学无意识

在 20 世纪 20 年代和 30 年代,电影技术迅速发展并改变了娱乐业的主要面貌。1927 年,第一部带有同步音轨的电影《爵士歌手》(*The Jazz Singer*)首映,标志着默片的快速衰落和有声电影逐渐占据统治地位。虽然有声电影或"说话的图片"到来,本雅明仍然专注于关于默片的图像和接收过程的交叉问题。他的问题是:电影是否是重复和复制的媒介?如果是,那么接收过程的无限可重复性是否会改善模仿能力?本雅明仍然着迷于以电影摄影机的方式捕捉感知流和身体的运动,无论是默片还是有声电影,都可以通过电影的丰富细节来把握日常生活。通过分析布劳斯菲尔德的放大自然的摄影,本雅明研究了摄影现实的构建。但是,与这个形象相关的主体的感知维度是什么?一种新的感知模式出现在影像接收的领域,其中经验的时空组织被人为地重新配置:"空间随着特写扩展,运作也随着慢动作延长。"(SW3,117)有趣的是,电影摄影机不仅扩展了对现实的理解,还开辟了一个巨大而意想不到的行动领域。就像对魔术师和画家一样,本雅明在外科医生和摄影师的各自功能之间进行了一次著名的比较。就像外科医生切入患者的身体并穿透它,摄影师进入现实网络,并提供技术上重新配置的版本。相机对现实的彻底渗透揭示了主体的隐藏方面。

摄影机所发现的新空间对应"无意识所知会的空间"。精神分析的类比和无意识的发展与新现实的发现有关。摄影图像世界揭示了一个新的图像空间，不仅肉眼无法捕捉，意识也无法捕捉。本雅明强调了光学无意识的发现："摄影通过慢动作和放大揭示了秘密。通过摄影，我们首先发现这种光学无意识的存在，就像我们通过精神分析发现本能的无意识一样。"(SW2，511-512)就像精神分析发现我们的思想和行为的无意识本能层面一样，摄影揭示了现实的隐藏维度。正如麦奎尔(McQuire)所强调的那样，对摄影和精神分析进行类比之本雅明所想的更具有暗示性，揭示了"碎片化的身体是一种深层心灵意义的结构"[10]。与精神分析以"滑倒、疏忽、微不足道的咕哝"这些形式对抗日常生活细枝末节的方式类似，摄影捕捉了"琐碎、废弃和日常生活的残渣"。[11]这种比较强调了这样一个事实：摄影和精神分析技巧都"出现在一个旧的语义结构在面对新经验（都市工业加速、机械化战争）时被打破的历史性结合点上"[12]。

摄影作为一种新媒介的显著特征包括其配置一个独特时间的能力。对于本雅明而言，摄影图像不同于绘画主题，主要包括时间的双重特征：过去和即时。图像的自发性和瞬时性与对作为"快照"的社会现实之精髓的现代主义感知相吻合。[13]摄影是与辩证意象这一本雅明的开创性认识论概念相对应的标志性媒介，一种静止的闪烁形象。从此时此地衍生出来的摄影图像世界只能在此刻之后被识别出来，也就是说，仅在将来被识别。在摄影和电影表现的时代，正如维利里奥(Virilio)所强调的那样，传统的行动时态（过去、现在和将来）开始在社会尺度上被两个时态所取代，即"实时"和"延时"。[14]这种偶然性将摄影图像与其他通过绘画、雕刻和蚀刻产生的传统图像区分开来。现实的隐藏方面是图像"神奇"价值的来源。但如今，由于摄影，我们能够通过撕毁图像的神秘屏幕来捕捉现实，就像精神分析解释了梦的"神奇"本质一样。我们所知的世界以一种截然不同的方式被解开。这就是技术复制的革命性作用：

> 我们的酒吧和城市街道、我们的办公室和配备家具的房间、我们的火车站和工厂，似乎都在我们周围无情地封闭。接着电影用一分为二的炸药点爆炸了这个监狱般的世界，所以现在我们可以平静地出发，在飞扬的碎片中开启冒险之旅。(SW3，117)

光学无意识产生了祛魅的效果，对人性和摄影图像世界更合理、更机械的感知打破了图像周围的神奇和神秘的价值。对于本雅明来说，摄影复制的图像并不仅仅反映现实，而是构建现实，从而产生新的感知、推理和觉醒方式。

震撼体验

对于本雅明来说，技术已经成为人体的关键设备，技术与人性之间日益密切的关系不可能有比在摄影中被体会得更加明显。本雅明对"文明"本质的方法探讨了"行为的新形式"和"基于经济和技术的新创造"(AP,14)。他的主要问题反映了人类行为的技术化是如何在整个社会范围内与媒介发展相关的。他通过关注触觉和光学经验的变化来证明人类行为技术化这一理念。例如,关于触觉体验,本雅明观察到19世纪安全火柴的发明触发了各种创新,这些创新融合在一次手的即时运动中,例如,举起接收器、切换、插入和按压电话,摄影师的拍摄,使用打字机等。我们可以很容易地想象这种关系的进展,一直延伸到今天手指接触功能丰富的智能手机。在图像复制的过程中,摄影第一次剥夺了手最重要的艺术功能,从此只涉及眼睛看镜头。由于眼睛的感知速度比手更快,因此图像复制的过程加速得如此之快,以至于它可以与语音保持同步。

值得注意的是,这种新媒介体验与都市空间的日常体验相对应:"相机给了这个时刻一个死后的震撼,就像它曾经一样。这种触觉体验被光学体验加入,例如报纸的广告页面或大城市的交通所提供的光学体验。"(SW4,328)在他的社会学前辈齐美尔对大都市街道动态节奏的敏锐洞察之后,本雅明将都市景观的中断感知视为一种震撼体验,并将其归因于城市感官体验的时空纪录之核心。"穿过这种交通涉及个人的一系列震撼和碰撞。在危险的十字路口,紧张的冲动快速而连续地流过他,就像电池的能量一样。"(SW4,328)正如乔纳森·克拉里(Jonathan Crary)所指出的那样,虽然注意力是"身体参与的问题""运动的抑制"和"当前被捕捉的意识状态",但是震撼体验的出现揭示了一个崇高的挑战,一场危机在感知本身,即"危机,是由个人的计算技术彻底改造观察者的结果,来源于身体的新知识"[15]。此外,震撼体验成为现代社会日常生活中正常部分的方式产生了实际的生理变化,都市体验变得标准化,进而集体化。《技术复制时代的艺术作品》呈现都市居民的震撼体验与工人在机器上的体验之间的相互作用。

> 因此,技术使人体感官受到复杂的训练。有一天,对刺激的新而迫切的需求与电影相遇。在一部电影中,受震惊体验调节的感官(schockförmige Wahrnehmung)被确立为正式原则。决定传送带上生产节奏的因素同样决定着电影中接收的节奏。(SW4,328)

对于本雅明来说,电影是一个独特的都市空间,在培养都市居民的社会行为方面起着重要作用。通过与机器一起工作,工人们学会通过自动化的统一持续运动来协调自己的运动。通过对这些条件的仔细研究,本雅明得出了一个关键的结论——机器的这种征服经验会产生社会规训并导致集体接受的物质条件:"产业工人的培训期越短,军人的基本训练就越长。它可能是社会准备全面战争的一部分,培训正在从生产技术转向破坏技术。"(SW4,350)与传统的审美体验形式相反,在电影体验中,本雅明找到了新的社会体验模式的条件,以及这些新技术体验所阐述的新社会主体之出现。电影引发的接收过程构成了一个新社会主体的激进基础。与绘画的感知形成鲜明对比的是,影响体验的典型特征在于其"同时和集体"的维度。艺术真品的体验完全由个人在此时此地这一受限制的时空背景下进行,而电影观看可以在任何时间重复并由全世界任何地方的观众共同实践。然而,这种集体接收方式应该与通过口头交流获得的方式区分开来,例如前一章所述的讲故事。影像的集体接受不再植根于此时此地所限定的面对面互动或社区交流,而是主要由媒介奇观所中介。就同步性而言,这与讲故事的社区体验不同,时空差异也不再显著。如果是这样,下一个问题就是在大众媒介同时也是大众消费的时代,电影观众或面向电影的公众如何成为一种与消费者截然不同的新型观众。

分心的批评家

本雅明认为,电影作为媒介空间提供了一个公共空间,在这个公共空间中,分心和反思性判断并不是不相容的。虽然光晕的衰退导致个人注意力的危机,但都市日常生活中的震撼体验之标准化涉及建立一种新的感知模式——分心。对于本雅明而言,"分心像宣泄一样,应该被视为一种生理现象"(SW3,141)。虽然艺术爱好者仍将艺术作品视为一种神奇或神圣的对象,但大众认为电影只不过是娱乐,去电影院也只是休闲生活的一部分。在电影院,"沉思"的注意力根本不可能出现,只有观众们的"分心的"注意力通过一系列的震撼和直接刺激反复出现。分心是电影震撼体验的必然结果。本雅明强调了胶片画面碎片通常会妨碍观众注意力集中的方式。一幅画会邀请旁观者沉思,而观众在银屏前却不可能如此,因为一幅画由一个完整的视景组成,但相机拍摄的照片则由"多个片段"组成:画面在被"观众看到不久后就已经改变了。画面不能被固定"(SW4,267)。本雅明分析的原创性在于他认为批判意识与充满震撼的视觉感知并不矛盾。**"分心中的接受在所有艺术领域越来越明显,并且是感知发生深刻变化的一种征兆——分心中的接受在电影中找到了真正的训练场。凭借其震撼效果,电影倾向于诱发这种接收形式。"**(SW3,120;重点为本书所加)

本雅明对电影描述的显著特征,使他区别于贝拉·巴拉兹(Béla Bálazs,1884—1949)等其他当年的魏玛电影理论家或阿多诺等其他文化批评家,他的激进主张正是在电影中这些其他不一致的知觉(视觉愉悦和批判性判断)不仅不可分割,而且是兼容甚至互补的。本雅明找到了一个中间立场,教育和消费者价值观以一种新的媒介体验在这个中间立场相对应。同样,都市景观的震撼体验扮演双重角色,正如古宁(Gunning)所指出的那样,不仅是"一种现代体验模式",而且还是"现代惊讶美学的策略"[16]。电影观众的震撼感来自"在他们的眼前发生了令人难以置信的视觉转变,堪与剧院最伟大的奇迹相媲美"[17]。本雅明定位一种分心的接受模式的解放潜力,它能够重组人类的感观,以适应快速而突然的城市节奏,并庆祝能够在分心的接受过程促进批判性判断能力的新大众建立。

在他阐述影像接收过程的尝试中,本雅明深受他的朋友齐格弗里德·克拉考尔的影响,克拉考尔生动地展示了新大众文化和城市体验在柏林这样的大都市中兴起。像本雅明一样,克拉考尔并不惋惜光晕式审美经验的消失。在他1926年的文章《分心的崇拜——论柏林的图片宫殿》中,克拉考尔揭示了沉思和专注只是对崛起的大都市文化的过时感知模式。分心是一种与城市居民的经验模式完全一致的模式,建立在瞬间图像和景观不断碰撞的基础。大众文化的景观不需要集中注意力,并且不依赖智识,只有分心和易于理解。因而他阐述了城市文化中分心接收的标准化:

> 几乎没有给所谓受教育的阶级留下空间,他们要么怀旧,要么自命不凡。无论如何,他们的区隔已经终结。他们被大众吸收,这个过程创造了**同一个世界的观众**,从银行董事到销售员,从天后到速记员,每个人都有相同的反应。对这种向着大众品位转变自怨自艾是迟来的;大众拒绝接受的文化遗产在某种程度上仅仅是一种历史的财产,因为其所对应的经济和社会现实已发生变化。[18]

根据克拉考尔的分析,本雅明看到了在新兴大众文化形式中分心的革命性潜力。在他看来,通过电影体验获得的分心感知可能与批判性判断相吻合,大众观众可以成为批评者,尽管与传统艺术鉴赏家完全不同。电影观众只不过是一个"分心的审查者"(SW4,269)。在本雅明看来,公众不仅仅是被动的观众或消费者,他们也是批判性的审查者。从理论上说，将早期电影的观众仅仅视为大众文化的惰性被动消费者，是理论上的不恰当和历史上的疏忽。正如古宁所说的那样，他们"并非主要是容易上当受骗的乡巴佬，而是老练的都市寻欢者"[19]。然而，分心的接收如何将这些城市娱乐观众转变为批判性审查者？本雅明的分析机械而过度地结合批判性判断和分心这两个不相容的维度，是否存在重要的矛盾？或者正如许多最近的本雅明学者批判地指出的那样，他的分析是否存在严重的"不一致性"并以"特别圆滑的方式"展开？[20]

将电影观众描述为分心批评家，这引起了很多媒介和文化研究领域的讨论。自从受到阿多诺的严厉批评以来，本雅明一直饱受争议，因为他高估"机械技术"并低估了高雅艺术仍具有的决定性作用。[21]应该注意的是，本雅明强调"分心的价值"是电影所提供的媒介体验的条件，需要"教育和消费者价值在一种新的学习中融合"[22]。这两个价值的交集表明了本雅明对新传统艺术形式被一种新大众文化逐渐转变的独到见解。但是，更重要的是，本雅明问的是这两种价值是"如何"融合的。他着眼于分心带出一套感知习惯模式的方式，这也似乎是融合的社会条件。在都市生活中以及借都市生活获得的习惯是非沉思实践记忆的范例，而这种记忆又是集体的执行。本雅明强调通过与周围环境的肉体接触获得的习惯行为的重要潜力："即使是分心的人也可以形成习惯。更重要的是，在分心状态下掌握某些任务的能力首先证明他们的表现已成为习惯……就像当下在电影中一样。"（SW3,

120)。传统艺术作品中的光晕是通过单一的视觉感知的,而媒介文化的新模式通过身体的多重感觉(被定义为触觉)与观众进行交流。在他看来,虽然光学感知被认为是对都市景观进行意识形态吸收的主要原因,但对触觉的挪用构成了替代性经验模式的核心基础,用他自己的术语来说,就是"亵渎启明"(profane illumination,SW2,209)。除非多重感官与大众传媒进行更广泛的接触,否则分心很少向他处投注注意力。

> 面对处于历史转折点的人类感觉器官这一任务不能仅通过光学手段——也就是说,不能仅通过沉思。他们通过习惯逐渐掌握——从触觉接受中获取线索。(SW3,120)

因此,在现代传播媒介中,分心的触觉属性与视觉霸权相对立。正如陶西格(Taussig)所说,新的公众是"用触觉之眼进行分心的集体阅读"。[23] 本雅明在《拱廊街计划》中对娱乐业的详尽分析主要是针对这些现象进行阐述,即与建筑技术的进步以及影像摄影技术相关的集体触觉感知的新模式之出现。建筑与时空感知之间的关系是本雅明对用工业生产取代艺术这一说法的核心。

对于本雅明而言,电影作为资产阶级公共领域过时概念的替代模式,在形成一个新的"身体集体"中发挥建设性作用——所谓"身体集体"是本雅明自己的术语。在这一点上,本雅明的洞察力远远超出了包括超现实主义在内等先锋运动的局限性。作为媒介空间的影像空间包括与身体、技术和图像相关的多种空间模式,并且在形成新的集体主体中起作用。在他看来,电影空间代表着一个由分心大众而不是一个细心个人所接收的娱乐业之原型。作为新技术、景观意象和触觉感知之间交互的象征,20世纪早期的电影能够提供"游戏空间"(Spielraum, SW4,265)。游戏涉及一种模仿能力来解放受限制和疏离的人体感觉,而空间需要身体实践的物质条件。电影指的是一种典型的游戏空间形式,光学图像空间和触觉空间通过影像和建筑技术在这个空间中交汇。[24]电影放映体验浓缩了一种集体经验的特殊现代形式和一种技术媒介的感官体验形式。这使得电影的接受与文学和美术的接受明确区分开来。至关重要的是从"身体集体"的角度考虑本雅明的"亵渎启明"这一批判性观念,而电影在"身体集体"中是感官、身心和美学三种体验之游戏空间的一种形式。从这个角度来看,本雅明的洞见是要表明公共空间的幻象如何导致公共身体的麻醉,相应地,为什么媒介批评的目标应该是身体集体的联觉。正如我们将在第五章中所看到的那样,《拱廊街计划》详细分析了这个新公众的出现和娱乐业特别是现代性幻象的发展。

媒介与民主

关键作品

《俄罗斯作家的政治集团》(1927年)

《德国法西斯主义理论》(1930年)

《作为生产者的作者》(1934年)
《希特勒稀缺的男子气概》(1934年)
《神学政治片段》(1938年)

审美政治

在传播技术与政治相互作用的背景下,可以用法西斯运动的出现和广播、电影等新媒体的迅速发展来定义20世纪初的德国。在两次世界大战之间,一些激进的德国知识分子提出了一些批评性问题,也提出了在今天仍然值得进行仔细的理论思考的见解。在魏玛共和国,保守思想家(如克拉格斯、斯宾格勒、特别是恩斯特·荣格)和左翼自由派知识分子(如图霍夫斯基、托马斯·曼和布莱希特)都充分意识到资产阶级公共领域的深刻变革和新大众文化的兴起。[25] 他们对大众媒介对政治所施加的影响的主要反应,无论是哀叹协商政治"死亡",还是热烈拥抱大众政治的新时代,都融入了自由民主的危机。因此,在政治领域,这些都是共同关注的问题,而本雅明也迅速掌握了西欧和俄罗斯的政治变化动态和大众媒介的快速增长。不同于那些无论来自左翼还是右翼的专注于意识形态和体制层面的要员们,对于本雅明来说,政治主要关注的是界定组织经验的方式,正如他写于1930年的文章《德国法西斯主义理论》中所描述的那样。本雅明的媒介批判通过分析审美经验如何与政治公众的形成交织在一起,对自由民主危机和法西斯主义的兴起进行了更为透彻的研究。

本雅明对艺术与政治之间关系的洞察在《技术复制

时代的艺术作品》中以一个明确但极具神秘色彩的段落被人们所熟知：

> 在荷马时代，人类曾一度是奥林匹斯诸神思考的对象，如今已成为自为的。其自我异化已经达到了可以将自己的湮灭作为一种至高审美愉悦的程度。**这就是法西斯主义所实行的政治审美化。而共产主义通过将政治化的艺术来予以回应。**（SW3，122；重点为本书所加）

这一结论性言论导致人们对本雅明笔下艺术与政治的关系进行了一些过于简单的解释。对"政治审美化"的简化阅读将法西斯主义视为一种准瓦格纳的总体艺术品，而"艺术的政治化"则被解释为本雅明呼吁另一种形式的宣传艺术以回应政治的审美化。[26]这样的阅读将本雅明的分析局限在了艺术的宣传主义方法方面，以致错过了本雅明对美学政治进行批判的激进语境。然而，如果将本雅明在《技术复制时代的艺术作品》中对政治的评论和《德国法西斯主义理论》《拱廊街计划》这些作品一起审视，那么很明显，本雅明所谓的政治审美化的关键不仅仅是研究法西斯主义审美维度的政治导向。同样，借助语境来阅读也表明，"艺术的政治化"不仅仅意味着使文化成为共产主义宣传的催化剂。一些阅读倾向于使本文符合"艺术应为共产主义宣传提供特定媒介"这一主张。诚然，本雅明对"共产主义"一词的使用有点难以捉摸，确实倾向于导向这种狭隘的解释，但这里的共产主义这个词实际上是在字面—历史和隐喻—乌托邦这两重意义之间摇摆不定的。出于同样的原因,本雅明对"艺术政治化"的呼吁既不仅仅意味着一种话语(美学)与另一种话语(政治)的从属关系,也不表示艺术必须表现出政治意识形态或主题倾向性。

对于作为协商和代议制政治制度的自由民主之危机与作为政治权力和公众之间直接政治沟通形式的法西斯主义之出现这两个现象,政治的审美化代表着本雅明看法的重点。本雅明试图找到能够将政治审美化并将艺术政治化的代表人物和拥护者:结合了技术和政治实践的当代先锋运动,比如未来主义、新客观主义、达达主义、超现实主义、包豪斯和布莱希特的史诗剧。理解《技术复制时代的艺术作品》中政治层面的关键是要问为什么本雅明致力于研究 20 世纪 30 年代艺术深刻变化的本质,而在此期间,法西斯政权迅速升温并战胜民主制。

本雅明特别关注技术在法西斯有关集体和历史经验的话语中所扮演的角色。在由恩斯特·荣格以《战争与战士》(*Krieg und Krieger*, 1930)为题编辑的文集中,右翼知识分子通过赞美前线的经历呈现出一幅神话般的第一次世界大战画面和"战士"的英雄形象。从他们的叙述中,本雅明引出了德国法西斯主义的关键特征:经验的神话化以及随后向集体意识的转变。法西斯主义将自身表现为一种政治力量,能够通过丧失历史来界定战争中的失败,从而操纵集体经验。荣格努力将神话般的战争经验与代表群众联系在一起并非巧合。荣格努力证明工人的视觉表象不是有条件的或次要的,而是反资产阶级政治的核心。这与本雅明对审美政治的讨论是平行的。根据荣格的观点,大多数关于审美政治的研究认为法西斯公共领域涉及"美丽的幻觉",并倾向于将法西斯政治传播的模式确定为总体艺术。然而,正如桑塔格(Sontag)所指出的那样,在纳粹时期,不是艺术从属于政治需要,而是政治占据了艺术的修辞。[27] 戈培尔(Goebbels)声称:"政治是最高和最全面的艺术,塑造现代德国政策的我们感到自己是艺术家……艺术和艺术家的任务是去形成、塑造、去除疾病并为健康创造自由。"[28] 在这种背景下,戈培尔有关政治与艺术之间关系的演讲意味着极权主义的审美政治观及其将美视为身体之完美的观念。如果仅仅通过某些类型的艺术作品来界定法西斯政治传播,就会将对审美政治的分析局限在将之解释为幻觉和对现实的错误表现。这种局限的理解重复了意识形态理论的谬误,从而忽视了审美政治更广泛的背景,这种政治与媒介的发展密不可分。在他的宣传理论中,戈培尔贬低了文字,因为文字意味着阅读时间和反思,并利用任何可能的媒介进行声音和图像宣传。[29] 本雅明的分析更关注法西斯传播**如何**能够通过媒介助推下的政治景观,用审美判断取代道德和政治判断。[30] 因此,他的分析不像政治行动的公共编舞,而更像是通过形成和组织对传播技术所带来的政治景观的审美经验的集体新形式的独特方式。

本雅明的文章《德国法西斯主义理论》揭示了法西斯主义理论家如何努力神化战争经验并将其用于民族意识的剧变。通过美化战争机器和人体的机械化,战争经验被神化了。战争经验的神化在马利内特(Filippo Tommaso

Marinetti,1876—1944)的《未来主义宣言》中达到了顶峰,文中宣称"战争是美丽的"(SW3,121)。这种对战争经历的态度需要将个体性神话般地向战争精神投降与集体实体的英雄认同结合起来。顺着这一脉络,本雅明认为即使是非常"客观"的图像也可以美化或审美化日常生活,从而形成政治景观。他以倡导直接的摄影现实主义、拒绝浪漫主义的德国新客观主义摄影师阿尔伯特·伦格尔-帕奇(Albert Renger-Patzsch,1897—1966)的开创性作品《世界是美丽的》(*Die Welt ist schön: Einhundert photohische Aufnahmen*,1928)为例。本雅明巧妙地指出政治景观如何在摄影图像中伪装成"客观性":"通过以时下完美的方式,它甚至成功地将赤贫变成了享乐的对象。因为如果早些时候从中退出的主题(春天、名人、异国)摄影的一个经济功能是通过适应时尚拉动大众消费,那么其政治功能之一就是以时兴的方式在其中更新这个如此这般的世界。"(SW2,774-775)正如我们在前一部分中有关摄影的讨论中所说的那样,本雅明对美化世界的分析强调了技术复制现实在功能性,特别是政治功能中的滑动。在摄影时代,即使照片可以被定义为"客观的",现实也会在人工或技术上经过中介后变得完美,并且几乎不会摆脱社会和政治功能。对于相信摄影袪魅功能的本雅明而言,审美政治不仅来自景观的图像,也来自非常逼真的摄影图像。在审美政治中,政治被重新定义为真实经验的场所,政治的审美化倾向于通过向政治人物灌输神话光晕来复制对强者的集体认同。同样,本雅明对政治审美化的洞察揭示了激进反现代计划的一些方面,这些计划试图通过推翻碎片化、功能差异化的现代经验来试图找回社会生活的整体性。

权力可见性的转变

包括未来主义者在内的右翼知识分子所倡导的审美政治，体现了政治领域通过景观进行渗透，其目的是使国家超越合法性、道德和政治解放这些自由民主规范。他们对历史经验的神话理解涉及一种政治策略，它将神化却鲜活的经验与政治意识和行动联系起来。通过探讨媒介对代议制危机的影响以及随后出现的法西斯主义，《技术复制时代的艺术作品》详细阐述了这一特殊的主题性观点。《技术复制时代的艺术作品》提出了一个核心问题，即权力日益增加的可见性和传播技术带来的新可能性是否会导致"代议制民主危机"，而代议制民主取决于公众舆论的透明代表，而不是更多的民主化或公众参与："这里所提到的展览模式的变化是复制技术所带来的，也在政治上显而易见。**民主制的危机可以理解为主宰着政治家公开表述的条件陷入危机**。"（SW3，128；重点为本书所加）在此，资产阶级代议制民主的危机集中在政治与大众文化的融合上，这是传播技术所产生的交汇。

> 民主制在民选代表面前直接展示政治家本人。议会是他的公众。但录音设备的创新如今使得演讲者在演讲时可以被无数人聆听，并且不久之后就被无数人看到。这意味着优先考虑在录音设备之前展示政治家。议会像此时的剧

院一样减员。(SW3,128)

本雅明将议会民主的崩溃与权力可见性的转变联系起来,也就是说,统治者表现的转变。对于本雅明而言,权力可见性的这种转变是政治本质更广泛转变的一部分。[31]在西方政治话语中,公共意味着"向公众开放""在观众面前表演",而私人则相反,是在一个小圈子乃至秘密的地方所说或所做的。从这个意义上说,公共/私人二分法涉及公共与隐私、公开与保密、可见性与隐形性。[32]本雅明对议会这些变化的研究表明,他对大众传媒时代光晕衰退的分析并未限制在艺术领域。代议制民主的危机建立在政治审美化之上法西斯主义出现,就像资产阶级文学文化被娱乐业所取代与信息产业的耸人听闻和商品化联系在一起。

本雅明认为,权力**本身**能见度的提高,有时连同可触及性和开放性的相应增长,并不能保证更多的民主化。相反,他担心越来越有可能操纵统治者的表现,从而导致对代议制民主的重大破坏。本雅明以涉及统治者、议会和大众的三种关系思考代表制和可见性的交集:统治者与议会议员之间、议会议员与大众之间、统治者和大众之间。

首先,统治者与议会之间。本雅明认为,统治者的无处不在导致"议会成为统治者的旁观者"和"议会的花絮化",进而使得"议会像剧院一样荒芜"(SW3,128)。右翼知识分子将代议制归结为对民意的歪曲,并认为法西斯主义是解决这一问题的方法。然而,本雅明认为,事实上,法西斯政治并不能解决代议制危机,而是简化了代议制的问题,并促成了政治的戏剧性。越来越引人注目的是,在现代政治中,代表成了观众,而议会成了景观自身。

其次,议会成员和大众之间。由于议会被简化为仅仅是统治者的观众,就导致了代议制民主的崩溃和人民的权力被剥夺。

最后,统治者与大众之间。本雅明将法西斯主义的兴起与统治者的可见性提高联系起来。借助传播技术,统治者可以更直接地向公众展示自我。广播和电影等大众媒介在加速权力可见性和政治公共领域的转变方面发挥着重要作用。如今统治者被要求站在媒体面前公之于众。本雅明阐述了媒介是如何在政治景观变化的本质中发挥决定性作用的:

> 广播和电影不仅改变了专业演员的功能,而且也改变了那些像政治家一样在这些媒体面前自我展示的人的功能。对于电影演员和政治家来说,无论他们的任务如何,这种变化的方向是相同的。它倾向于在某些社会条件下展示可控制的、可转移的技能,就像体育被首次要求在某些自然条件下进行展示一样。这导致了一种新的选举形式——在装置之前进行选举——冠军、明星和独裁者都是其中的赢家。(SW3,128)

在本雅明看来,大众传媒的广泛传播是现代民粹主义政治的基础:统治者能够直接与人沟通,而不是通过他们的代表。如今政治的功能在很大程度上取决于演员般的统治者的表现,这是一个政治事件,统治者和被统治者都参与其中。本雅明并不暗示大众传媒的发展不可避免地有助于维持统治者的统治地位,但他观察到其结果是独裁者的胜利。在议会民主的堕落和统治者与人民之间直接关系日益重要的过程中,本雅明看到了法西斯戏剧性的主导动力:希特勒可见度的胜利。

在资产阶级审美范畴崩溃的同时,展览价值占主导地位,这是前一节讨论的问题,与政治景观的功能有关。首先,本雅明将艺术作品功能的根本变化描述为从崇拜价值向政治价值的转变。用展览价值取代崇拜价值表明,从现在开始,艺术的主要功能就是"展示"。毕竟,展出的艺术永远不会脱离"政治功能"。如果政治依赖于曝光或控制身体(或其形象),这是传播媒介可能发挥作用的功能,那么就应该问是否有可能考虑景观的政治或权力的可见性政治是大众传媒时代所有政治的典型。在这里,本雅明得出的结论是,技术媒介景观的集体经验成为政治传播的主导模式。政治与为权力可见性而斗争密切相关,在电子通信技术出现之后更是如此。

媒介景观的政治

20世纪30年代法西斯宣传的泛滥引导本雅明从大众的复制和消费文化的动力学支配政治这两条线索来研究政治景观。本雅明对政治景观的描述建立在他解释权力和大众的媒介化图像学,与展示法西斯政治传播策略和发达资本主义时代中娱乐业之间亲合力这两项具体的尝试之上。

(1) 大众的再生产

本雅明的技术复制概念意味着"大众"的再生产。大规模复制涉及大众自身的出现和转变:"大众再生产特别受大众们的再生产的喜爱。"(SW3,132)。电影技术的一个关键特征在于它与大众形成的逻辑之间拥有关键的亲和力。本雅明将这个问题放在首位:"在盛大的仪式游行、大型集会和大型体育赛事和战争中,所有这些都被送入相机,大众与自己面对面。这一过程的重要性无需强调,与复制和记录技术的发展紧密联系在一起。"(SW3,132)传播技术不仅通过议会中统治者的在场来影响权力的可见性,而且在大众自身之在场所导致的大众之形成中也起着决定性的作用。"大众"视觉表现技术,能够进行喧闹的场景和个人特写,首次实现"同时大规模接收"。正是这种双重媒介质量使得电影能够让大众体验自己,并在审美上**享受**自己的群众运动。

> 一般来说,相机比肉眼更清楚地理解群众运动。鸟瞰视图最适合捕捉成千上万人的聚会。即使这种视角对人眼而言不比摄像机更容易接近,因此眼睛形成的图像不能以与照片相同的方式放大。这就是说,群众运动,尤其是战争,是一种特别适合相机的人类行为。(SW3,132-133)

在描述"群众运动"时,本雅明不仅指法西斯主义的出现,还指20世纪初的社会主义和共产主义运动,所有这些都与政治公共的建构密切相关。本雅明特别强调无产阶级群众运动与他们在电影中的主体间和集体经验之间的联系:"无产阶级是一个集体,就像这些空间是集体空间一样。只有在这里,在人类集体中,电影才能完成以对该环境采取行动开场的折射作业……没有其他媒介可以在运动中重现这个集体。"(SW2,18)通过看到其自我形象的经验,一群人将自己指认为一个大众。人群具有集体主体性的表现不是次要的,而是根植于群众运动政治的核心。

(2)政治景观的形象

在1934年8月左右写的一篇文章中,本雅明详细阐述了希特勒的形象,将其与卓别林小流浪汉角色的女性版进行比较。这篇题为《希特勒稀缺的男子气概》(Hitler's Diminished Masculinity)的文章在1940年卓别林的电影《大独裁者》(The Great Dictator)公映之前就已经完成。在魏玛共和国,一方面,卓别林的电影代表了"民粹主义与现代主义之间的完美妥协"。[33]保守派思想家将卓别林视为"文化和道德衰落的化身""一个没有种族的杂种"和"次等人类的英雄",而许多前卫的艺术家称赞他是"伟大的创新者和反叛者"[34]。本雅明以与这些艺术家类似的方式,将卓别林视为一个"历史现象",用插科打诨的喜剧来讲述资本主义(《现代和马戏团》)和法西斯政治(《大独裁者》)之下日常生活的虚构本质(SW2,222)。本雅明意识到当代艺术的问题只能在电影的语境下找到他们的明确表述,他认为卓别林的电影浓缩了大

第四章　技术复制时代的艺术和政治

部分影响当代电影技术的关键问题[AP(K3,3)394]。本雅明将卓别林夸张模仿的表演风格与这种技术潜力联系起来,观察到卓别林通过模仿受到威胁的特定碎片来恢复衰弱的模仿能力。卓别林的作品展现了一些典型特征,使电影能够通过特写和放大等影像操作打开光学无意识。[35]本雅明这样描述卓别林的电影《马戏团》之精髓:"卓别林电影无可否认的优越性……在于这些电影充满了每个人在生活中遇到的诗歌,不可否认却并没有意识到这一点。"(SW2,222)但是,对于本雅明来说,卓别林以"更自然的方式"唤起观众的反应,并且比包括达达主义者和超现实主义者在内任何其他前卫运动的表现都更"毫不费力"(SW4,280)。本雅明对卓别林的电影赋予了极大的信任,因为它们能够引起这样的反应:"艺术品的技术复制性改变了大众与艺术的关系。对一幅毕加索绘画极为落后的态度转变为对卓别林电影的高度进步反应。"(SW4,264)本雅明从卓别林的电影中汲取了"渐进的反应",即"用专家评价的态度直接、亲密地融合了乐趣——观看和体验的乐趣"(SW4,264)。对于本雅明来说,卓别林是一位先锋,他采用了对流水线技术的电影分析,真切地描绘了**摩登时代**。卓别林"将人体的表现运动切割成一系列微小的神经分布",这是一个将"影像法则强加于人类运动规律"(GS I-3,1040;1047)。

1934年8月2日保罗·冯·兴登堡(Paul von Hindenburg)去世后,希特勒接管了**联邦总统**的职务,同时正式宣布放弃总统头衔。本雅明强调了希特勒的沟通技巧,特别是形象管理策略,他以此在这样高度紧张的政治环境中最大化了景观效果:"这只会发生一次,独一无二。"希特勒不接受联邦总统的称号。"他的目的是让人们了解他外表的独特性。这种独特性有利于他神奇转变的声望。"(SW2,793)人们普遍认为,大约在1932年,在歌剧演员保罗·斯普里特(Paul Devrient)的指导下,希特勒为了产生良好的效果在镜子前练习他的面部表情。在本雅明看来,希特勒希望创造的中心形象是"缺乏男子气概"的形象:"对希特勒来说,时尚的主题演讲不是军人的形象,而是轻松环境下绅士的形象。封建的权威标志已经过时了;只剩下男人的时尚。"(SW2,792)正如巴克-莫斯(Buck-Moss)所说的那样,希特勒的形象更多是"自反的"而不是"表现的",回馈"人群中他自己的形象,完整自我的自恋形象,为反对肢体的恐惧而建构起来。"[36]因此,根据科普尼克(Koepnick)的说法,法西斯的图像学旨在"对现代经验的结构进行殖民,吸引民众情感和规训意识感知"[37]。

在对希特勒的形象进行图像分析的同时,本雅明关于景观的功能从仪式向政治转变的观念,来自当代艺术最先进的技术主要用于美化和传播权力形象这一状况。本雅明对"自治艺术领域"衰落的描述反映了政治在艺术实践中的主导地位。然而,法西斯美学与其他早期的政治表象有一处区别,即它将群众放在了中心位置:"法西斯艺术是宣传的艺术。因此,它为群众而开展。此外,法西斯宣传必须遍及社会生活。因此,法西斯艺术不仅**为了群众**而且**由群众**开展。"(GS III,488)与早期的浪漫主义不同,法西斯宣传并不将群众从表现和形象化权力的过程中排除在外。相反,它突出了作为被美化英雄的"群众"。这一描述与本雅明的同代人克拉考尔的"大众装饰"这一民族志式的描述高度亲和力,他在文中认为群众被他们自己作为群众的壮观表现所吸引乃至入迷:"装饰的承载者是**群众**,而不是**人民**(Volk)。每当人民形成形象时,后者不会在半空中徘徊,而是在共同体中出现。"[38] 然而,群众仍然处于孤立状态,被权力边缘化。因此,本雅明强调:

> 因此,人们可能会认为群众控制着这种艺术,他们可以将其作为自我交流(Selbstverständigung)的手段,他们在当家做主:无论是在剧院或体育馆,电影制片厂还是出版社。每个人都知道情况并非如此。相反,主宰这些地方的人是"精英"。而这种精英并不希望艺术为群众提供自我交流的手段。(GS III, 488)

法西斯政治景观的主要特征被揭示为伪自我表现的奇观。[39] 群众的欲望只不过是通过形象和表现来满足。他们的政治和社会地位基本保持不变。群众在表现中成为历史的主体,但在政治决策过程中仍然是被动的对象。

> 现代人的无产阶级化和群众的日益形成是同一过程的两个方面。法西斯主义试图组织新近无产阶级化的群众,同时保留他们努力想废除的财产关系。它似乎能在向群众所保证的表

达中看到自己的救赎——但绝不会向他们保证权利。群众对改变的财产关系保有**权利**,法西斯主义试图赋予他们**表达**以保持这些关系不变。**法西斯主义的逻辑结果是对政治生活的审美化。**(SW3,120-121)

如上所述,"无产阶级化"与"群众形成"之间的显著区别至关重要。法西斯主义的首要目标是维护私有财产原则,同时在放弃代议制民主的前提下平衡"群众"的集体主义欲望与"在空间和人之上更紧密地结合事物"的愿望。因此,本雅明对政治景观的批判并没有直接转向民族主义、神话非理性主义、生物种族主义等预期的意识形态主题,而是指向政治领域内的交流动力结构。[40]在本雅明看来,法西斯主义是**为艺术而艺术**(l'art pour l'art)这一唯美主义的正当继承人,这不是因为它们的意识形态主张,而是因为它们都是建立在否定群众的自我交流权之上(SW3,122)。根据统治者和群众自身的嗜好,集体经验通过对**元首**的认同来发挥作用。通过这种美学认同,法西斯政治旨在消除批判性判断并限制个体的自主切身享受。

(3)政治的商品化

《技术复制时代的艺术作品》也提出了娱乐业所阐述的政治景观与消费文化之间关系的问题。在本雅明看来,政治的审美化反映了日常生活审美化的更广泛的过程,或者说,在更具体的意义上,反映了"生活条件的文明化"(SW2,742),这与发达资本主义消费文化的出现相对应。对于本雅明来说,政治不仅仅是一个单独的舞台。在发达资本主义中,它与消费文化密不可分。政治景观的审美化也与消费文化和娱乐业的逻辑联系在一起。政治景观不可避免地在消费文化的帮助下被创造出来,并表现在某些形式的商品中。在本雅明看来,政治的商品化意味着政治已经像其他任何事情一样成为大众消费的可销售对象。[41]

值得注意的是,最近的一系列研究表明,即使在纳粹时代,大部分人都过着双重生活,纳粹社会的日常文化深深地依赖于休闲活动和私人消费。发达资本主义的政治成为娱乐业的一个方面,或者至少越来越被消费文化典型的追求享乐所影响。如上所述,法西斯政治传播被设置为由国家在传播媒介的帮助下上演的群众景观。作为群众的景观,法西斯政治吸引群众并为群众所购买和消费。雷妮·瑞芬舒丹(Leni Riefenstahl)的电影《意志的胜利》(*The Triumph of the Will*, 1935)或《奥林匹亚》(*Olympia*, 1937)涉及某种形式的商品,并与娱乐业的主要原则相吻合。与旨在建立自治政治舞台的自由民主相比,法西斯政治是一种与资本主义相互关联的系统,一个可销售的商品。在这里,在代议制政治中,展览价值被理解为是作为商品的政治景观与作为消费者的群众之间的政治传播的核心。因此,政治越紧密地与消费文化交织在一起,政治景观的逻辑就越接近商品美学。政治景观与一种在遗忘、碎片化、麻醉、物化等意义上组织消费者体验的商品美学形式相吻合。在组织经验上,政治景观依赖于通过提供精心设计的产品来吸引消费者。就像闲逛者在商场里徘徊一样,大众在百货商店浏览商品,而观众被电影迷住了。通过对政治景观审美维度的分析,本雅明表明当视觉愉悦取代政治舞台上的理性交流时,景观相对于实质的优势和文学资产阶级公共领域的崩溃就加剧了。他对媒介政治的描述揭示了议会民主的戏剧化和法西斯景观的出现源于政治景观和商品美学的相互渗透这一方式。

结　论

本雅明对政治美学化的描述说明了现代政治大众化、景观化和商品化的形式。通过将政治景观的本质捕捉为人类感知的麻醉,本雅明能够发掘一种政治危机的特定形式,这种危机与代议制及视觉中心文化的系统危机密切相关。法西斯主义的出现与传播技术的发展密切相关,但法西斯主义的出现并未过多涉及光晕的复活或权力作为人造光晕的再光晕化。这阐明了政治景观的关键特征,即通过传播技术再现的人造光晕。相比虚假意识的形成,本雅明对政治景观的批判更多关注人类感觉的异化。他的分析进一步反映了政治景观对现代经验的危机和感知的全面危机之冲击。在这种语境下,本雅明试图将艺术政治化,以找回人体中孤立且碎片的感觉。

本雅明对媒介景观政治的洞察与我们在当今复杂的媒介环境中理解政治密切相关。当然,自从包括报纸、电影、广播和电视在内的大众媒介在制度上建立并在传达和中介政治沟通中发挥关键作用以来,传播技术对民主和社会运动的影响一直是社会和政治理论领域的一个根本问题。然而,值得注意的是,诸如社交网站和博客这样与互联网密切相关的社交媒体最近的问世和广泛传播,往往超出了在大众媒介中嵌入的单向沟通的限制,并以前所未有的规模促进了互惠互通。自20世纪90年代末以来,各种形式的社交媒体都参与了全球的社会运动和竞选活动。值得注意的例子包括:1999年西雅图反全球化示威期间移动电话的初步使用情况,巴拉克·奥巴马(Barack Obama)的选举顾问在2008年总统大选期间积极地使用脸书,在2009年伊朗选举之后,通过推特和油管发布的示威活动。最近,北非和中东国家的革命,即所谓的2011年阿拉伯之春,也已经涉及社交媒介的各种模式。因此,聚焦于发展基层运动的日益增加的可能性、更加系统地代表公共意见,以及政治权力与公众之间的直接沟通,已经进行了广泛的讨论。然而,许多讨论都过早地被公共领域的量化转型所支配,既分享了对政治动员中社交媒体积极作用的工具性观点,又分享了在先进通信技术的驱动下改进协商民主这一过于乐观的立场。迄今为止,对于在与通信技术相结合的情况下,民主本身不断变化的本质这一重要问题尚且缺乏关注。媒介与民主的问题在社交媒体的时代已经变得越来越重要,而本雅明在讨论艺术品的文章中对媒介、政治和大众之间关系的分析为这个问题提供了一个更系统的方法。

注释:

[1] Samuel Weber, 'On Benjamin's '-Abilities', *Dædalus*

(Spring 2007): 140.

[2]Alois Riegl, 'The Main Characteristics of the Late Roman Kunstwollen' (1901) in Christopher S. Wood (ed.), *The Vienna School Reader: Politics and Art Historical Method in the 1930s* (New York: Zone Books, 2003), pp.94-95.

[3]Laura Marks, *The Skin of the Film: Intercultural Cinema, Embodiment, and the Senses* (Durham, NC: Duke University Press, 2000), p. 164.

[4]Vivian Sobchak, *The Address of the Eye: Phenomenology and Film Experience* (Princeton, NJ: Princeton University Press, 1992), p. 93.

[5]John McCole, *Walter Benjamin and the Antinomies of Tradition* (Ithaca, NY: Cornell University Press, 1993), p. 185.

[6]Giuliano Bruno, *Atlas of Emotion: Journeys in Art, Architecture and Film* (London: Verso, 2002), p. 23.通过长篇摘录莫霍利-纳吉的开创性著作《绘画、摄影、电影》，本雅明强调了莫霍利-纳吉对旧媒介（绘画）与新媒介（摄影）之间关系的洞察："新媒介的创造潜力大部分都是通过旧形式、旧工具和本质上已经被新领域取代的设计领域揭示出来。这些都随着其成型而臻至极盛。因此，例如，未来主义者的（结构）绘画带来了定义明确的运动同时性和瞬间的表现问题，后来又将其摧毁——而这发生在电影已经众所周知但远未被理解的时候。同样地，今天使用表现性客观方法的一些画家（新古典主义者和真实主义者）可以被谨慎地视为一种新的表现性光学形式的先驱，这些方法很快将只使用机械的和技术的方法。"(SW2, 523)

[7] Samuel Weber, *Mass Mediauras: Form, Technics, Media* (Stanford, CA: Stanford University Press, 1996), p. 84.

[8] Pierre Bourdieu, *Photography: A Middle-Brow Art* (Cambridge: Polity, 1990), p. 79.

[9]Detelf Mertins,'Walter Benjamin and the Tectonic Unconscious: Using Architecture as an Optical Instrument', in Alex Coles (ed.), *The Optic of Walter Benjamin* (London: Black Dog Publishing, 1999), p. 217.

[10]Scott McQuire, *Visions of Modernity* (London: Sage, 1998), p. 51.

[11]McQuire, *Visions of Modernity*, p. 51.

[12]McQuire, *Visions of Modernity*, p. 52.

[13]Elissa Marder, 'Flat Death: Snapshots of History', *diacritics* 22: 3-4 (Fall-Winter 1992): 128-144. 本雅明在1929年的文章《超现实主义:欧洲知识分子的最后一张快照》中使用了"快照"的时间类比(SW2, 207-221)。

[14]Paul Virilio, *The Vision Machine* (Bloomington, IN: Indiana University Press, 1994), p. 67.

[15] Jonathan Crary, 'Spectacle, Attention, Counter-Memory', *October* 50 (Autumn 1989): 103.

[16]Tom Gunning, 'An Aesthetic of Astonishment: Early Film and the (In)Credulous Spectator', *Art and Text* 34 (Spring 1989): 128.

[17]Gunning, 'An Aesthetic of Astonishment', p. 119.

[18] Siegfried Kracauer, *The Mass Ornament* (Cambridge, MA: Harvard University Press, 1995), p. 325.

[19]Gunning, 'An Aesthetic of Astonishment', p. 117.

[20] Howard Eiland, 'Reception in Distraction', *boundary 2* 30: 1 (2003): 52.

[21]阿多诺1935年8月2日致本雅明信(ABC, 110)。

[22]Eiland, 'Reception in Distraction', p. 57.

[23] Michael Taussig, *The Nervous System* (New York: Routledge, 1992), p.142. 关于最近对电影中的触觉维度和具身性

的讨论，见 Jennifer M. Barker, *The Tactile Eye: Touch and the Cinematic Experience* (Berkeley, CA: University of California Press, 2009).

[24]对本雅明的电影分析中空间概念的讨论，见 Gertrud Koch, 'Cosmos in Film: On the Concept of Space in Walter Benjamin's "Work of Art" Essay', in Andrew Benjamin and Peter Osborne (eds), *Walter Benjamin's Philosophy: Destruction and Experience* (London: Routledge, 1994), pp.205-215.

[25] Jeffrey Herf, *Reactionary Modernism: Technology, Culture and Politics in Weimar and the Third Reich* (Cambridge: Cambridge University Press, 1984).

[26]Rainer Stollmann, 'Fascist Politics as a Total Work of Art: Tendencies of the Aestheticization of Political Life in National Socialism', *New German Critique* 14 (Spring 1978): 41-60. Ansagar Hillach, 'The Aesthetics of Politics: Walter Benjamin's "Theories of German Fascism"', *New German Critique* 17 (Spring 1979): 99-119.

[27]Susan Sontag, *Under the Sign of Saturn* (New York: Vintage, 2001), p. 92.

[28]引自 Sontag, *Under the Sign of Saturn*, p. 92.

[29]Crary, 'Spectacle, Attention, Counter Memory', p. 104.

[30]Martin Jay, "'The Aesthetic Ideology' as Ideology; or, What Does It Mean to Aestheticize Politics?", *Cultural Critique* (Spring 1992): 41-61.

[31]John B. Thompson, 'The New Visibility', *Theory, Culture and Society* 22 (2005): 31-51.

[32]Norberto Bobbio, *Democracy and Dictatorship* (Cambridge: Polity, 1989), p. 17.

[33] Sabine Hake, 'Chaplin's Reception in Weimar

Germany', *New German Critique* 51(Fall 1990), p. 91.

[34] Hake, 'Chaplin's Reception in Weimar Germany', p. 92. For various accounts of Chaplin's film by contemporary European intellectuals, including Kurt Tucholsky, Franz Kafka, Béla Balázs, Henri Lefèbvre among others, see Dorothee Kimmich (ed.), *Charlie Chaplin: Eine Ikone der Moderne* (Frankfurt/Main: Suhrkamp, 2003).

[35] 正如哈克(Hake)所指出的那样,卓别林的喜剧的技术完美,这得益于最先进的好莱坞电影技术的支持,使得它们远远优于德国民族和乡村喜剧,并且需要观众的认真关注(Hake, 'Chaplin's Reception in Weimar Germany', p. 91)。爱森斯坦表示,他只希望使用最有效的方法,并说"我们喜欢卓别林的屁股胜于埃莱奥诺拉·杜塞(Eleonora Duse)的手"(*The Film Factory*, ed. R. Taylor and I. Christie, p. 59)。

[36] Susan Buck-Morss, 'Aesthetics and Anaesthetics: Walter Benjamin's Artwork Essay Reconsidered', *New Formations* 20 (Summer 1993): 142.

[37] Lutz Koepnick, *Walter Benjamin and the Aesthetics of Power* (Lincoln, NE: University of Nebraska Press, 1999), p. 4.

[38] Kracauer, *Mass Ornament*, p. 76.

[39] 阿多诺后来详细阐述了宣传的动力学和大众的转变,特别是在界定,理想化和个性化的技术方面。T.W. Adorno, 'Freudian Theory and the Pattern of Fascist Propaganda', in J.M. Berstein (ed.), *The Culture Industry* (London: Routledge, 1991), pp. 114-135.

[40] Russell A. Berman, 'The Aestheticization of Politics: Walter Benjamin on Fascism and the Avant-Garde', in *Modern Culture and Critical Theory* (Madison, WI: University of Wisconsin Press, 1989), p. 37.

[41] Mike Featherstone, 'Postmodernism and Aestheticization of Everyday Life', in Scott Lash and Jonathan Friedman (eds), *Modernity and Identity* (Oxford: Blackwell, 1992), pp. 265-290.

第五章 媒介之城——阅读《拱廊街计划》

> 意象，我伟大而原始的激情。
> ——波德莱尔

导　论

19世纪各种形式的娱乐业是尖端科技与城市景观之间交叉的典范，令本雅明着迷不已。本雅明从1933年流亡巴黎，而1937年的巴黎世界博览会引起了他的注意。在世博会期间，巴黎变成了一个巨大的都市游乐场和群众节日。两个著名的展馆象征性地面对面矗立：纳粹德国的展馆和苏联的展馆。1889年作为巴黎博览会的入口拱门而建起的埃菲尔铁塔作为旧欧洲现代性的象征杵在这两个新政权之间。在由希特勒最喜欢的建筑师阿尔伯特·施佩尔（Albert Speer, 1905—1981）设计的巨大的纳粹展馆中，国际观众们目睹了《意志的胜利》——这部雷妮·瑞芬舒丹为1934年纳粹纽伦堡拉力赛拍摄的纪录片以其技术和美学成就赢得了大奖。正如我们现在所知，1937年的巴黎世博会对本雅明来说似乎是一个景观原型,揭示了发达资本主义时代的艺术、科技和政治之间日益密切的关系。世界展览是本雅明在《拱廊街计划》中审视的重要文化对象之一。

自 1983 年出版以来,特别是自英语翻译以来,《拱廊街计划》越来越成为对当代文化特别是媒介与城市之间交叉进行批判性反思的不可或缺的基础。再一次,批判性解释的任务遇到了两个困难:首先,本雅明对各种形式媒介的广泛讨论散见在这篇极其零碎的文本中;其次,人们容易倾向于在缺乏适当参考成文的历史和政治语境的前提下概括和过分强调某些主题和概念。《拱廊街计划》是一个未完成的计划,或者大可将其描述为一个从未打算完成的计划。1928 年末,本雅明开始编写有关 19 世纪巴黎各方面的材料。经过频繁的中断后,他从 1934 年开始恢复研究,就在他逃离巴黎之前,他还于 1940 年最后一次参与其中。他积累了无数的引用以及他自己的评论和反思,并将 36 个涉猎广泛的文件夹委托给时任国家图书馆的图书管理员和"社会学学院"团体的创始人巴塔耶(Georges Bataille,1897—1962),因为本雅明在流亡期间与这一团体过从甚密。据说本雅明在途经比利牛斯山逃往纽约时带着一个装满手稿的大公文包。当被问及为什么要带它时,本雅明回答说:"这些是**必须**保存的手稿。它比我更重要。"(AP,948)遗憾的是,手稿从未被寻回,而是否如有人猜测的那样,计划曾经存在过一个终极版本,我们也永远不得而知。战争结束后,留给巴塔耶的资料被送到了本雅明指定的**作品执行人**阿多诺处,并于

第五章 媒介之城——阅读《拱廊街计划》

1983 年以《拱廊街作品》(*Das Passagen-Werk*)出版,随后于 1999 年出版了英文版《拱廊街计划》(*The Arcades Project*)。

《拱廊街计划》绝不是一本完整的"书"。正如 1982 年版《拱廊街计划》的编辑罗尔夫·蒂德曼(Rolf Tiedemann)所说:"有些书籍的命运早在它们成书之前就已经决定了。本雅明未完成的《拱廊街计划》就是这样一个案例。"[1] 本雅明只留下了一个档案馆,一大堆引文和笔记的收集被分为不同的单元(我们可以借此继续进行他的研究)。本雅明在巴黎国家图书馆(Bibliothèque Nationale)阴暗的阅览室展开的收集实践类似于一项名为**修复**(tikkun)的活动——这是黑暗时期犹太圣人的神秘主义作品,收集破碎的器皿并将它们拼合在一起。[2] 这种卡巴拉主义的观念对他在《译者的任务》中详细叙述的媒介批评至关重要(SW1, 253-263)。《拱廊街计划》的读者的任务是收集散落的碎片和人工制品,并以类似的方式重建他的计划,以表达"破碎的器皿"。我们可以说这是他的计划的目的,邀请读者进入收集、解释和觉醒的过程。

随着对现代都市经验和技术的交集的越来越多的关注,本雅明开始探讨商品文化的景观方面,与娱乐业的出现交织在一起。他的初衷是撰写一篇题为《巴黎拱廊街——一出辩证的童话剧》的简短报刊文章(C, 322)。值得注意的是,**童话剧**(Féerie)这个词字面上指的是仙境,从 19 世纪 20 年代初开始在巴黎被用来表示"一种戏剧奇观"[3]。无论他最初的计划是什么,本雅明的详细分析意味着这篇关于巴黎拱廊街谱系的单篇文章扩展为更大的书籍计划,涉及现代性原始历史。因此,本雅明透露了这个计划的重要性:"这是我所有冲突和所有观念的剧场。"(C,359)

考虑到计划的规模和范围,本章的主要目的是从媒介研究的角度,帮助读者以系统的方式阅读《拱廊街计划》,这需要涉及其他跨学科方法,特别是城市和文化研究。为此,本章在重构《拱廊街计划》时特别提到了幻象(phantasmagoria),这是本雅明计划的中心概念。在讨论他将现代性作为幻象进行分析时,本章试图:(1)提出《拱廊街计划》对其媒介批评的方法论意义;(2)将文学蒙太奇作为本雅明为该计划采用的特定媒介实践来阐明;(3)澄清他笔下"亵渎启明"这一独特概念是从发达资本主义的迷梦中醒来。

现代性的幻象

关键作品

《巴黎,19 世纪的首都》(1935 年)
《巴黎,19 世纪的首都》(1939 年)
《论历史的概念》(1940 年)
《拱廊街计划》中的相关结论:
[N]"论认识论、进步论"
[p]"人类学唯物论、宗派史"

第五章 媒介之城——阅读《拱廊街计划》

辩证意象

正如我们在上一部分中所讨论的那样,对现实的摄影建构使本雅明通过形象本身来掌握现代性稍纵即逝的本质。在他看来,技术复制性时代的历史变得意象化。本雅明在《拱廊街计划》中阐述了两个独特的分析概念:一个是辩证意象,另一个是幻象。本雅明提出的辩证意象概念是其媒介批评在解决对文化的历史主义方法时的认识论核心,而他利用幻象的概念超越了马克思主义文化和艺术研究中的短板。

现代经验的瞬间性提出了一个面对思考社会和文化研究对象时的关键的方法论问题:研究对象本身就是短暂的。这是审美现代主义的一个基本问题,源于短暂现代性这一波德莱尔的定义。在城市中,我们所看到的对象陷入了不断的流变中,运动不止。在方法论上,我们必须要问:我们如何才能掌握文化和社会关系的短暂动态,同时避免抽象概括和准科学量化?通过将辩证意象的概念置于其进入现代性的路径之中心,本雅明试图解决现代性本身所赋予的这个重要的方法论问题。本雅明将辩证意象定义为"惊鸿一现的意象"[AP (N9,7), 473]。辩证意象的概念对应都市景观运动的短暂特征。他概述了历史唯物主义的关键组成部分:

> 论历史唯物主义的基本教义。(1)历史的对象是知识可以借以作为拯救对象而形成的;(2)历史衰败为意象,而非事;(3)无论在何处实

现辩证过程,我们都在处理一个单子;(4)历史唯物主义的表述伴随着对进步概念的内在批判;(5)历史唯物主义的基础是长期经验、常识、思想和辩证法之在场的过程。[AP(N11,4),476]

最重要的认识论问题源于这样一个事实:都市景观的短暂特征没有长到足以用故事来把握,而只能通过意象。本雅明强调辩证形象是历史唯物主义的对象,反映了资产阶级文学批评的危机,这种批评是一种基于理性和对话交流的批评。正如我们在第二章中所讨论的19世纪西欧城市的交流危机和信息产业的兴起,本雅明寻求一种新的批评形式,与旧交流方式的危机和新交流方式的出现相对应。在他稍早的作品《单行道》(One-Way Street,1928)中,超现实主义的影响是显而易见的,他以"思想形象"(Denkbild)为标题下开创了一种新形式的审美实践,这种实践涉及呈现格言式的片段。在繁杂信息淹没独特个人故事的时代,历史、文化和社会调查的对象被分解为不连续的片段,不再形成一个整体。那些将社会现实重建为一个有机整体的尝试似乎只不过是一种对历史的保守方法,这种方法固化并因此以客观化的名义将过去物化。正如迈克尔·詹宁斯(Michael Jennings)所指出的那样,本雅明历史唯物主义中的"历史对象"既不是指"孤立的历史事件、事实、人造物或人",也不是"为了得出论点而收集的零散证据",而是"在撰写历史或批评的行为中构成的某种东西"。[4]在《拱廊街计划》中,本雅明收集历史对象的做法是一种将过去的历史对象融入当下之星丛的工程实践和美学尝试[AP (N10a,3), 475]。

本雅明通过辩证意象的概念批判对历史现实的整体重建,这与他对当下(Jetztzeit)的独特认知是一致的。他反对以黑格尔的历史哲学为代表的进化时间观将时间视为"同质的空时间"(SW4, 396)。他将唯物主义时间观称为"当下",界定了过去与现在、连续性与非连续性、持续与瞬间之间的共时关系。正如他在《论历史概念》(On the Concept of History, 1940)这一对历史的反思中所强调的那样:"历史主义提供了过去的'永恒'形象,历史唯物主义用过去提供了独特的经验。"(SW4, 397)该文概括了他历史唯物主义的核心方面。文化历史主义中的历史主义和社会科学中的实证主义的主要学说在于他们相信历史重建是一个完整的现实。在他们看来,历史只能通过过去的事件来构想。相比之下,对于本雅明而言,历史只是并且总是被今天的经验所认可:"过去只能被作为一个意象来把握,在其可识别性的时刻(Augenblick seiner Erkennbarkeit)转瞬即逝,再不复见。"(SW4, 390)因此,他的媒介批评放弃了历史中的史诗元素,而是将历史作为"特定时代、特定生活和特定作品"加以重构进而加以"拯救"。历史永远不会再现,艺术作品再也不会被欣赏,除非它们被追溯地作为一个意象而捕获并被作为"现在"的意象而寻回。历史意象似乎不亚于"突然闪现"和"瞬间启明"。本雅明在莫奈的印象派画作《沙特尔大教堂》(Cathedral Chartres)中找到了一个例证。

鲜活人群的日常景象可能曾经构成人眼需要适应的奇观。在这个假设的基础上,人们可以假设,一旦眼睛熟悉了这项任务,就会乐于测试他们新获得的能力。这意味着从五彩缤纷中诠释形象的印象派绘画技术,反映出一位大城市居民眼中习以为常的经历。像莫奈的《沙特尔大教堂》这样的画作,看起来就像是石头下的蚁丘,正是这个假设的一个例证。(SW4,350)

莫奈的绘画在静物画中将稍纵即逝的瞬间捕捉为模糊与形象化的外表。以类似的方式,历史唯物主义旨在通过将历史和文化对象构建为图形碎片来意象化地呈现历史。在揭示时间和空间的多个方面时,历史唯物主义具有历史的"拯救行动"之意义。

对于本雅明来说,批评的主要任务是在狭义上展开和实现艺术作品的不完整意义,并在更广泛的意义上实现历史的不完整意义。媒介批评作为一种内在的批评,包含了本雅明认为的历史是辩证意象这一特殊观念。一个历史对象作为一个单子存在,不仅表示一个审美对象,而且还表示"微缩历史":"思考不仅涉及思维的运动,也涉及对思维的捕捉。当思维突然在一个充满张力的星丛里中止时,它给这个星丛带来了震撼,通过这种震撼,思维被结晶为一个单子。"(SW4,396)将历史对象作为单子碎片的历史对象抬高了微不足道且转瞬即逝的对象之重要性,而这些对象被观念论的艺术和历史哲学所忽视。[5]世界不是由抽象概念所代表的(无论是黑格尔的**"精神"**

还是马克思的**"资本"**),而是由平凡日常生活的琐碎所代表的。看似微不足道的微小对象和无关的碎片等待着构成星丛。本雅明对小事物和废墟的迷恋说明了他媒介批评的颠覆性反对任何形式的历史抽象概括、哲学体系或普遍历史主义。正如他的朋友克拉考尔所指出的那样,本雅明的批评提出了"意象的非连续多样性"以反对观念体系的连续性,想要"证明重要的其实是小事情"。[6]从这个角度来看,《拱廊街计划》似乎是碎片化对象的关键星丛,这些对象在过去分离,却通过与读者的相遇成为真实的历史真相。只有当前的读者参与其建设时才能拯救历史。

蒙太奇

那么,本雅明在《拱廊街计划》中是如何进行媒介批评的呢?本雅明将蒙太奇视为历史唯物主义的核心方法,即一种处理辩证意象的方式。他提出,蒙太奇作为一种特定的媒介实践,符合现代性的短暂特点,这种实践积极地干预历史或进步之流,旨在从连续的历史中挖掘和释放出一个对象:

> 历史唯物主义的核心问题应该在最后被看到:马克思主义对历史的理解必然以牺牲历史的可感性为代价吗?或者,可以用什么方式将马克思主义方法与高度的形象化(Anschaulichkeit)结合起来呢?这项工作的第一阶段是将蒙太奇的原则延伸到历史中。也就是说,用最小

和最精确切割的部件组装大型结构。的确,要在分析微小对象的时刻中发现整个事件的晶体。[AP(N2,6),461]

蒙太奇不是一个无所不包的理论,而是一个特定的实践,与内在批判相对应,并植根于传统和过去经验可传播的观念。本雅明的蒙太奇概念源于他早期对引用的关注。在撰写《德国悲苦剧的起源》时,他就鼓吹自己系统地收集了超过六百处引用。在他的早期文章《评歌德的〈亲和力〉》(1919—1922)中,引用已不仅仅被视为一种技术,而且是发现处理过去新方法的核心。本雅明强调了文学蒙太奇的含义:"写历史就意味着引用历史。"[AP(N11,3),476]正如阿伦特指出的那样,本雅明"在他发现过去的可传递性已经被可引用性所取代时,就成了一位大师"[7]。通过移植历史对象,他的目的是打断文本的语境并拯救历史本身。

本雅明意识到媒介产品不再是一个有机整体,只是从片段中组合而成。卡尔·克劳斯、布莱希特、超现实主义者、哈特菲尔德(John Hearfield)和爱森斯坦的作品被认为是本雅明蒙太奇概念的先例。对于他们来说,蒙太奇是一种与报纸、戏剧、摄影和电影中的技术进步相对应的高贵技术。编辑报纸的方式是蒙太奇的一个主要范例:碎片化的故事在没有语境的情况下被组合在一起。本雅明特别关注潜藏在克劳斯刊登于他报纸上的讽刺批评中所引用的破坏性力量(SW2,453)。本雅明强调说,就像布莱希特史诗剧中恰到好处的"姿态"一样,一个恰

第五章　媒介之城——阅读《拱廊街计划》

到好处的引文可以打断文本的流动，扰乱读者的吸收。此外，超现实主义文学蒙太奇导致所文学表现形式的变化与说明性的观看方式相关联。结合他的认识论概念"图像思想"，本雅明为了借助辩证意象表现历史，将超现实主义的"图画写作"改编为"三维写作"的新形式（SW1，456）。虽然超现实主义者通过摄影来表现都市现实的"艺术尝试"已经"失败"，但哈特菲尔德的作品成功地把握了"摄影的社会影响"（SW3，241）。[8]因为与布莱希特合作并受到"功能转型"这一观念的影响，哈特菲尔德试图利用完全的摄影蒙太奇技术来实现一种新的审美实践模式。哈特菲尔德的摄影蒙太奇中的图像与档案之间的相互作用被认为是"艺术政治化"的典范，并为本雅明提供了从蒙太奇角度进行拱廊街研究的建设性主题。

　　本雅明的蒙太奇概念在俄罗斯前卫电影运动特别是爱森斯坦的电影理论的影响下得到进一步阐明。考虑到构成主义运动的主导地位，在20世纪二三十年代，俄罗斯电影制片的关键特征可以被描述为"以**科技**为中心的**趋势**"[9]。意识到技术试验的中心地位，本雅明在此期间对以技术为导向的俄罗斯电影制片着迷不已："在这里，技术的一切都是神圣的，没有什么比技术更严肃。"俄文单词 montazh 在字面上意味着"机器组装"意义上的"安装"电机。[10]作为一种电影技术，蒙太奇似乎是本雅明的一个重要工具，可以被用于"美学工程"，即现代媒介实践的核心方面。鉴于它通常广泛用于编辑，俄罗斯构成主义者将这种基于机器的蒙太奇意义与"以一种在它们之间产生一定程度摩擦的方式组装材料"的意义联系在一起。[11]因此,本雅明试图使其在《拱廊街计划》的实践中发挥最大的可能性,这并不令人惊奇。他并不努力"解释"历史的意义。他采用蒙太奇技术让历史的意义在作为星丛呈现时显露出来。

> 这个计划的方法是文学蒙太奇。我不需要说什么,只需要展示。我不会擅自使用任何贵重的东西,不挪用任何巧妙的配方。只有破布、垃圾——这些我不会罗列,但只考虑唯一可能的方式进入它们自己:通过利用它们。[AP(N1a,8),460]

《拱廊街计划》是他的蒙太奇实践的结果,通过碎片化的意象重建现代性的原始历史。这是一种文学蒙太奇,或者是"碎片考古学的一种特殊方法"[12],本雅明在其中通过在文本上叠加碎片来呈现城市奇观的原型。借鉴蒙太奇的这些原则,人们可以看到为什么我们认为本雅明在《拱廊街计划》中对媒介的态度不是构建一种如此这般的媒介理论,而是媒介实践。本雅明并没有试图制定一个全面、系统和抽象的媒介文化理论。相反,《拱廊街计划》本身就是一个由零碎意象所组成的星丛,其特点是一系列的观念和不同时期、不同文本、历史和政治语境下出现的洞见。

幻　象

在《拱廊街计划》中,本雅明积极地将幻象的概念应

第五章 媒介之城——阅读《拱廊街计划》

用于他对19世纪巴黎的分析,这座城市被设想为他自己术语中的"技术文明"的象征。比如,巴黎这样的大都市变成了"研究作为本雅明早期关于艺术哲学作品的一些主题的审美保护"[13]。本雅明于1939年3月写给格蕾塔·阿多诺(Gretel Adorno)的一封信中揭示了他更深入地阐释"幻象"概念的巨大渴望:"我在有限的时间内尽可能地着力于用'拱廊街'的一个基本概念,将商品生产社会的文化视为幻象而置于其核心地位。"(GS V, 1172)本雅明开始关注到马克思主义的商品文化理论与物化和拜物教的概念相关,这是卢卡奇在《历史与阶级意识》(*History and Class Comsciousness*, 1923)中提出的信条。许多评论家认为幻象的概念仅仅是卢卡奇所谓的商品拜物教的另一个版本,然而,本雅明试图用幻象的术语把辩证意象的认识论特点用于商品文化领域:

> 适合充当商品的财产就像其拜物教特征一样也与商品生产社会相勾连——可以肯定,不像是出于它自身之中,而是更多像是每当它从它生产特定商品的事实中抽象出来,它代表自身并认为会理解自身。它以这种方式自我生产,并通常被标记为其文化的意象符合幻象的概念。[AP (X13a), 669]

按照这个观点,本雅明对幻象概念的兴趣与他对传统马克思主义艺术和文化分析中理论盲点的批判性评价密切相关。在本雅明看来,传统上对艺术的历史主义倾向于将文化研究对象从社会关系中连根拔起,而马克思主义艺术理论则将文化对象简化为由经济关系决定的意识形态上层建筑。对于本雅明来说,在《拱廊街计划》中探索的文化对象既不是物质条件的自主,也不是完全由商品交换系统决定的产品。相反,它们是表达集体意志意象的对象,与历史时代一定的技术发展水平密切相关。

然而,在阿多诺看来,本雅明将幻象用于集体意志形象与卡尔·荣格(Carl Jung)的心理学与路德维希·克拉格斯(Ludwig Klages)的社会人类学这些"反动理论"过分危险地联系在一起。在1935年8月2日写给本雅明的一封信中,阿多诺将本雅明对辩证意象和梦想集体的态度归因于他对"机器技术的高估和不加批判的接受"(ABC,110)。阿多诺认为本雅明对幻象的使用是将从其物质条件中连根拔起的文化现象进行主体化,尤其是从商品关系中连根拔起,而本雅明坚持幻象的概念指的是一种正在发生的启明,特别是一个社会集体意志的意象。在1939年的修订版中,他甚至扩展了幻象的使用范围,将其置于他对现代性分析的中心:

> 我们的研究要表明,作为文明这种物化表象的结果,归功于19世纪的新行为形式和那些建立在经济和技术基础上的新创造是如何进入幻象的世界的。这些创造不仅以理论的方式,通过意识形态的转换,还在其可感存在的直接性中经历这种"启明"。它们表现为幻象。(AP,14)

"幻象"这个词的字面意思是在公共空间中聚集的鬼魂,并被定义为"一系列林林总总的幻想或虚构人物",如梦中和恍惚时所见,如想象所呼唤,如文学描述所创造。[14]这个词经常被爱伦坡、阿蒂尔·兰波(Arthur Rimbanud)及波德莱尔等晚期浪漫主义和象征主义作家用来作为一种文学隐喻,以说明"谵妄、失控、可怕而又崇高地推翻普通经验"[15]。幻象一词也意指1797年在巴黎首映的幽灵剧。这些剧目是幻觉展览,也是一种公共娱乐,其中的幽灵是用**魔法影灯**(lanterna magica)制作的。对于本雅明来说,幽灵剧似乎表明了视觉技术、19世纪欧洲娱乐产业与观众体验它们的原始模式之间的典型关系。根据幻象经验,本雅明提出了现代传播的一个关键方面:经验的可传播性下降。幻象经验揭示了从涉及共在的传播到与缺席他者(如幽灵)进行交流这一转变。[16]观众的震惊体验表明通过小说这样的资产阶级文学媒介进行叙事传播正在消亡。正如基特勒(Kittler)所指出的那样,魔法影灯将**暗室**(camera obscura)"翻转过来"。[17]视觉技术从暗室到魔法影灯的转变表明了从机制生产的主观性到"肉体主体性"的戏剧性认识论的转变,身体成为"光学体验的积极生产者"。[18]幻象经验引导本雅明掌握媒介传播的出现以及景观集体经验相应变化的本质。这样看的话,娱乐业的幻象存在着多方面的理论意义。

在认识论层面上,幻象经验引起了对人类主体所谓的理性本质的怀疑。在幻象经验中,主体与客观世界之间的笛卡尔鸿沟变得值得怀疑。本雅明发现,幻象的经验与现代景观经验的一个核心属性相吻合,这个属性特别描绘了渗透在日常生活中的震惊以及随后的交流崩溃。震惊经验涉及恐惧感和失控。幻象的经验既不是"虚假的"意识,也不仅仅是"幻觉",而是一个真实的实体在空间、客体和实践中创造了物质。[19]幻象的经验既不是局部的,也不是短暂的,而是现代经验的一般模式,来自将景观的体验扩展到所有社交活动中。

在社会理论层面,本雅明试图避免马克思主义对艺术和文化的关键限制。对于本雅明来说,马克思主义理论的根本局限在于意识形态上层建筑的原则,这导致了"一种归纳主义美学"。在这里,本雅明与批判理论家共享对上层建筑和经济基础之间因果关系的批评。在庸俗的马克思主义理论中,艺术品被简化为商品。演绎的方面源于马克思主义在承认现实与表象之间变化关系上的根本失败。马克思主义意识形态理论好比视觉表现技术的过时模型——暗室,只能直接反映光学的反转。对客体进行稳定的如实反映是理所当然的,并将世界颠倒过来进行呈现,导致了错误的认知。[20]在这一脉络下,马克思主义理论与支持启蒙计划的知识论差别不大。对于本雅明来说,源于暗室的光学意识形态类比在技术复制时代引起了知识理论的根本问题,并且进一步使马克思主义的批判活动概念或革命活动的基础受到质疑。基于相信反映现实的马克思主义意识形态理论无法解释真实或客观世界是**如何**被表现或认知。看到和相信之间的关系是本雅明批判性挑战幻象的一个要点。他质疑那些认为外部世界就像图像反映在暗室中一样反映在主体意识中的理解。熟悉西洋镜、全景图和电影这些当时的各种幻觉技术的本雅明认为上层建筑的镜像功能值得怀疑。幻象造成的最初问题不是"什么"被表现和感知,而是"如何"表现和感知对象。

在文化理论层面,一些西方马克思主义理论家如乔治·卢卡奇试图联系在《资本论》中提出的商品拜物教来修正马克思的意识形态观。本雅明意识到这样一个事实:拜物教在马克思的叙述中出现是作为一种在复杂资本主义体系发展的背景下表达代表制和意识问题的方式。由于拜物教的概念最初指的是一个物体的内在价值或权力的外在属性归属于某一对象,本雅明从马克思在《资本论》中对拜物教的强调中得出的观点,认为对商品文化的感知不像"机械的"反思而更像"模糊的"意象式属性。本雅明发现商品拜物教的意象方面符合他的辩证意象的一个关键原则。正如马丁·杰所指出的那样,幻象这个词通过让文化和历史客体的"社会心理起源"看起来更像是来自"自然资源"来掩饰这一"社会心理起源"。[21]然而,更重要的是,本雅明进一步从根本上重构而不是修正商品拜物教理论。本雅明反对上层建筑反映基础这一建筑类比,提出了他自己的公式,强调了上层建筑的表达作用:

> 论意识形态上层建筑的学说。乍一看,马克思似乎只想在此建立上层建筑和基础之间的因果关系。但是,已经观察到上层建筑的意识形态错误地反映状况,并恼人地超出于此。实际上,问题在于:如果基础以某种方式(在思想

和经验的材料中)决定上层建筑,但如果这种决定不能简化为简单的反思,那么它是如何以完全不同于任何关于起源原因的问题而被描述的呢?是作为它的表达。上层建筑是基础的表达。社会存在的经济条件被表达在上层建筑中——恰如对睡眠者来说,过饱的胃不是他的反映而是其在梦中内容中的表达,从因果的角度来看,它可以说是"调节"。从一开始,集体就表达了其生命的条件。这些在梦中得到了表达,并在觉醒中得到了解释。[AP(K2,5),392]

在这个公式中,表达体现了上层建筑相对自主的特征,而不是颠倒过来或机械的反射。在这一点上,可以公平地说,本雅明的幻象观念深受商品拜物教的影响,但并不完全与传统马克思主义对意识形态的理解相协调。在本雅明的修订版本中,基础的作用是"调节"表达——不是通过生产的机械力量,而是通过借助改变景观的集体经验来再现群众的"技术复制性"。同样,《拱廊街计划》中的幻象照亮了在商品中表达的集体经验的那些意象式方面,并受到技术的特定历史和文化水平所制约。

媒介景观与都市空间

本雅明对《拱廊街计划》中现代性幻象的分析主要关注新公众形成的过程以及各种形式的娱乐业的建设性作用。在题为"中央公园"的这一对波德莱尔进行初步研究的片段中,本雅明追溯了新的集体主体的出现,特别是介于"人群"和"大众"之间的"诸众"(multitude, SW4, 187)。他认为新的集体主体是"诸众",与人群、大众、工人阶级等集体的传统模式不同。新集体主体的出现与娱乐业可以获得的建筑技术的进步以及相伴的都市经验的变化密切相关。正如我们在第四章中所审视的那样,《技术复制时代的艺术作品》中阐明的光晕之衰落揭示了在现代化和城市化进程中的集体行为是如何合理化、规范化和规训化的。在《拱廊街计划》中探索的各种形式的娱乐产业构成了集体体验的新模式,例如由新锐建筑和传播技术引起的触觉分心。本雅明对娱乐业与都市经验之间相互作用的分析对于理解今天的媒介景观特别重要。如今,真实与虚拟之间的界限模糊,媒介景观与城市空间密不可分。本雅明在他的两份分别写于1935年与1939年的报告中勾勒了娱乐行业的关键方面。第一份报告《巴黎,19世纪的首都》是在向社会研究所申请赞助时撰写的研究计划以及该计划的宽泛结构纲要。[22]第一份报告的6个主题单元旨在代表《拱廊街计划》中相应的卷章:

I.傅立叶,或拱廊街
II.达盖尔,或全景图
III.格兰维尔,或世界博览会
IV.路易·菲利普,或内部
V.波德莱尔,或巴黎街道
VI.奥斯曼,或者街垒

报告中的 6 个主要对象在整个文件中零散分布或作为从 A 到 Z 的城市寓言。报告展示了《拱廊街计划》如何被规划为一个历史对象的星丛来展示现代性的幻象。以下部分根据 1935 年报告中概述的六个关键对象介绍了《拱廊街计划》。这旨在以方法论为指导阅读《拱廊街计划》,以引出其与我们对当今媒介文化的理解,特别是媒介景观与都市空间之间的关系的相关性。

拱廊——技术城市中的幻象

《拱廊街计划》中的相关卷章
A 拱廊、潮流品商店、销售员
B 时尚
C 古巴黎、地下墓穴、拆除、巴黎的衰落
O 卖淫、赌博
T 照明模式
W 傅立叶

巴黎拱廊囊括了 19 世纪的城市空间,也就是说,它是空间伴随着技术创新和进步而变化的象征。在一般的属性中(例如访问街区内部、私人财产上的公共空间、对称的街道空间和天际空间),[23]最值得注意的特征是"街道与内部之间的某种东西"(SW4,19)。拱廊最初(大约 1800 年)是一个大型开放空间,拥有一系列消费品商店,随着消费者需求的增加和消费品的多样化,它们变得越来越宽、越来越深、越来越高。在转型过程中,是燃气和

第五章　媒介之城——阅读《拱廊街计划》

铸铁结构使商店扩张。燃气灯解决了营业时间受光照限制的问题，而铸铁结构解决了空间限制和天气问题："当阵雨突如其来时，拱廊是措手不及者的避风港，提供了（也许有限的）安全的漫步空间——商人也从中受益。"[AP（A1,1），31]本雅明特别关注铸铁在市场中的使用如何对街道的功能产生深远的影响。

> 贸易和交通是街道的两个组成部分。如今第二项已经近乎灭绝了：这里交通很原始。拱廊是一条只有奢靡商业的街道，它完全适合唤起欲望。因为在这条街上，汁液缓慢停滞，商品沿着街边扩散并进入奇妙的组合，如肿瘤中的组织。[AP（A3a,7），42]

作为商业和准公共空间的拱廊街如今在重组巴黎公共生活结构方面发挥着重要作用。拱廊主要成为"商品之都"[AP（A2,2），37]，"顾客将在其中找到他们所需要的一切"[AP（A1,1），31]。例如，作为第一个免于交通干扰的公共城市空间，皇家帕拉斯（Palais Royal）是一个拥有政治鼓动、步行街、奢侈品市场以及教育和娱乐等多种功能的场所。[24]

拱廊街作为其他建筑类型的模型也是如此。例如，这反映在监狱、火车站和诸如由法国乌托邦社会主义者傅立叶（Charles Fourier，1742—1837）设计的法伦斯特尔（phalanstère）这样的集体住宅中。在本雅明看来，傅立叶较早认识到对铸铁和玻璃结构影响无意识和交流的情感维度,以及改变集体习惯行为的潜在能力。本雅明反对正统或"科学"的马克思主义者将傅立叶视为"乌托邦"社会主义者并攻击其思想中的"不道德",强调马克思反对卡尔·格里(Carl Grün)是为了捍卫傅立叶。本雅明继续从他对协调激情的特殊想象出发,为社会主义绘制了一个革命性的主题——一个基于人类、技术和自然之间一致关系的社会。[25]傅立叶着迷于在铸铁和玻璃这些尖端技术和材料的帮助下创造一种全新社区模式的可能性。傅立叶设计了一个他称之为法伦斯特尔的理想社区,并在他的著作《关于四种运动和普遍命运的理论》(*Theory of the Four Movements and the General Destinies*, 1808)中详细叙述了该模型的细节。法伦斯特尔是一个四层住宅区,以方阵的结构为基础。这样一个社区的指导原则是十二种激情的自发性,包括五种感官激情(味觉、触觉、视觉、听觉和嗅觉)和四种情感激情(友谊、进取心、爱情和亲子关系)。傅立叶认为这些激情导致了810种性格,因此法伦斯特尔中理想的居民人数恰好是1,620人。[26]在这个自给自足的社区中,富人和穷人将根据愉悦的原则比邻而居。傅立叶认为,技术将从根本上反对自然的统治和掌控,并认为劳动既非支离破碎也非孤立于整个身体和感官。傅立叶的计划包括一个完美的社会工程的梦想,能够借助技术进步控制人类的激情。

本雅明指出,拱廊街的可接近性主要应用于傅立叶的乌托邦计划:"最初出于商业目的而被设计的拱廊成了傅立叶设计中的住所。"(AP,16)通过将**皇家帕拉斯**的模型转换为他的法伦斯特尔,傅立叶想要创建一个巨大的空间,一个内部像酒店一样沿着中心展廊和整座建筑二层分布着公寓的城市。[27]对于本雅明来说,法伦斯特尔是一座技术之城,旨在将人类恢复到一种"让道德变得多余"的关系体系(AP,16)。法伦斯特尔的主要特征想象"作为发条机制的集体心理学",也就是基于社会有效运作的"人类机器":"法伦斯特尔的高度复杂组织表现得像机器一样。激情的融合,**激情的机械论者**(méchanistes)与**激情的巫师**(cabaliste)之间错综复杂的合作,是一种由心理学材料形成的原始设计形式——被比作机器。"(AP,5)本雅明称赞傅立叶是新技术的先驱,着迷于他的反对自然之统治与掌控的乌托邦劳动观:

> 傅立叶主义乌托邦最显著的特征之一就是**它从不主张人类对自然的剥削**,这个观念在随后的时期变得普遍。相反,在傅立叶的观点中,技术似乎是点燃大自然的炸药之火花。这也许就是为什么他将法伦斯特尔奇异地表述为"爆炸"。**后来人类剥削自然的概念反映了生产资料所有者对许多人的实际剥削。**如果将技术融入社会生活失败,那么错误就在于这种剥削之中。(AP,17;重点为本书所加)

本雅明界定了一种人们希望利用技术来创造一个完美的人类集体机制的欲望。他认为,在傅立叶的幻想画面中,人造机制产生了"牛奶和蜂蜜之地,这是傅立叶的乌托邦中充满新生命的原始愿望之象"(AP,5)。本雅明聚焦于傅立叶对技术的乌托邦观是后来那些对机械的前卫观点的先驱,用本雅明自己的术语说,就是"技术复制性"的视角。在这种视角下,技术装置成为人类的一部分,并在人与自然之间的非剥削关系中发挥媒介作用。然而,它是一座根据工程师的技术结构建造的内部城市,没有窗户,没有外部。意识到激情的集中控制依赖于对视觉的控制,傅立叶打算为操纵视觉创造最佳条件。同样,他的乌托邦愿景需要通过技术对整个社区进行工程设计。在这一点上,傅立叶的两种冲动相互碰撞:他的愿景是一个与自然和谐相处的无阶级社会,而在我们看来确实是完全控制人类激情的反乌托邦愿景。[28]因此,本雅明认为傅立叶的计划构成了对拱廊的"反动修改",仅仅"将色彩斑斓的比德迈尔田园牧歌插入帝国那禁欲而体面的世界"(AP,5)。

全景图——技术艺术的幻象

《拱廊街计划》中相关卷章

Q 全景图
R 镜子
S 绘画、青年风、新奇
Y 摄影
i 复制技术、光刻

本雅明专注于全景图,全景图作为一个例子表明了像绘画这样的传统艺术形式注定要被建筑技术设计的娱乐产业新形式所取代:"正如首次出现铸铁结构的建筑开始超过艺术,绘画也随着全景图的首次出现而落后。"(AP,5)在叙述的第二部分中,本雅明将新技术的出现与以银版照片图像处理而闻名的法国画家和发明家达盖尔联系起来。1823年,达盖尔发明了西洋镜——一种移动图像观看的戏剧设备。本雅明认为他为技术与艺术的融合开辟了新的视野。全景图在18世纪后期开始流行,最引人注目的阶段是法国大革命期间,它几乎与发明魔术影灯秀同时出现,在其中也广泛应用了各种其他的新视觉表现技术。全景图是一幅360度的图像,画在一个大圆筒的内侧并从其中心的平台上观看。这是罗伯特·巴克(Robert Barker)于1787年发明并获得专利,先后于世纪之交在爱丁堡、伦敦和其他城市展出。[29]全景图的名字大多有希腊语后缀"-rama",意思是"看"。本雅明特别关注接下来的透景画、世界风俗画、透明景、球景画、圆景电影、圆形幻画等等。对本雅明来说,全景图是电影所起源的现代娱乐业之原始类型:"电影今天以最严格、最具体、最富有批判性的潮流,阐明了现代形式赋予的所有问题——都被理解为其自身技术存在的问题。这一事实对接下来比较全景图与这种媒介来说非常重要。"[AP(Q1a,8),530]从当代媒介技术的角度来看,全景图和电影之间的相似之处仅在于它们的建筑特色。

从19世纪的角度来看,全景图的新颖之处是为了消除任何可能偏离其幻觉的东西而采取的特殊预防措施。[30]全景图旨在创造一种人为却完美的现实,能预见到后来视觉技术的关键方面。本雅明这样界定了这个原始功能:"在它们试图栩栩如生地表现自然中的变化时,全景图不仅为摄影做好了准备,也为(无声)电影和有声电影做好了准备。"(AP,5)没有边框的360度绘画凝缩了经典视觉模式的崩溃。全景图是拟像的一个范例,真实与表象、原生与人工、内部与外部之间的界限都在其中模糊。全景图的体验源于观众失去所有时间和空间感,被技术创造的人工整体所淹没。

尽管全景图提供了一种肉体观察事物的新方式,但它也迫使游客将视线集中在绘制复制品的外部世界上。在全景图中,眼睛不能超出框架范围,因为在这个巨大的视觉空间中没有框架。在全景图是一种组织视觉感知的手段这一意义上,它作为娱乐业"沉默而无形的力量"引导观众的目光(SW1,451)。但是,拱廊是一种建筑类型,不仅用于全景图这样的娱乐业,也用于监狱等机构。全景图被视为一种组织光学上视觉体验的手段,但从某种意义上说,它也是一种矛盾的"内部体验和向内的凝视"。[31]

> 全景图的兴趣在于看到真实的城市——室内的城市。在没有窗户的房子里的东西是真的。此外,拱廊也是一幢没有窗户的房子。俯视它的窗户就像凝视着它内部的包厢,但是人们无法看到这些窗户外面的任何东西(真实是没有窗户的,宇宙的真实外观无处可寻)。(AP[Q2a,7],532)

就像傅里叶的法伦斯特尔一样,全景图没有窗户,其特点是梦幻般的内部。对于本雅明来说,娱乐业从拱廊街到全景图的转变体现了光学聚焦和身体分心的不断相互作用。在写到他自己的童年时期的文章《1900年左右的柏林童年》中,本雅明通过他自己与帝国全景图(Kaiserpanorama)的相遇,在谱系上追溯了聚焦与分心之间相互作用的问题。这张帝国全景图位于柏林的皇帝长廊(Kaisergalerie),由一个类似穹顶的设备组成,为围坐的观众们提供立体视图。它与全景图没有什么共同之处,但却是西洋镜、透景画和摄影等各种视觉娱乐技术的混合体。此外,这是一个孤立个体在公共场所的人群中观看的模式。本雅明详细阐述了帝国全景图:

> 帝国全景图中的旅行场景最吸引人的地方之一就是你在何处开始循环并不重要。因为观看屏幕前面的位置是环形的,每张图片都会通过所有的位置。每次,你都通过一个双扇的窗口进入图像色彩模糊的影像深处。总有座位可以坐。特别是在童年结束时,当帝国全景图已经不再时兴时,人们习惯于在一个半空的房间里参观。(SW3,346-347)

178

此外,它是一个引人注目的媒介空间,其中的视觉消费是工业化的,而大众和机器的身体按照现代工厂生产系统的节奏组合,比如泰勒制这种将行动分解为小而简单的部分以最大限度地提高效率的生产方法。[32]帝国全景图也对学龄儿童或工人阶级发挥了教育工具的作用。在《单行道》中,本雅明通过使用帝国全景图作为一种类比表达来界定控制视线的权力:"出于同样的原因,空气中充满了魅影,一个光荣文化未来的海市蜃楼在一夜之间突然出现在每个从孤立位置寻觅视觉幻觉的人面前。"(SW1,453)正如副标题"德国通货膨胀之旅"所暗示的那样,帝国全景图的这一部分明确地涉及当时德国的文化政策。

顺着这一脉络,人们可以很容易地发现本雅明的全景图和法国结构主义哲学家福柯(Michel Foucault, 1926—1984)的全景监狱这两个类比之间的相似与不同。通过突出全景监狱的社会含义,本雅明强调其与全景图的密切关系:"蜡像馆(Panoptikum)是艺术作品的一种表现形式。19世纪的普遍主义在蜡像中坐拥它的纪念碑。而全景监狱,人们不仅能看到一切,而且能够以所有方式来看。"[AP(Q2,8),531]福柯在他的开创性作品《规训与惩罚》(*Discipline and Punish*,1975)中发展了他的全景模型,强调了想象的审查的主观影响和"被观察者的永久可见性",但并不关心在任何深度上探索"观察者的主观性"。[33]与全景监视的例子相比,全景图是一种设计用于传输而非限制观众移动的建筑机器。全景监视中的视觉感知主要取决于捕捉注意力,而全景图体验主要涉及身体的分心。本雅明对从西洋镜到全景图再到帝国全景图这些视觉表现技术的分析表明,在娱乐业中,注意力集中和分心不断交换,且并非完全不相容。人们不应认为聚焦和分心一直是截然相反的。事实上,景观的震撼体验,特别是在政治宣传的形式中,是一种对引起注意力感知特别有效的手段。并且,相比于孤立的光学感知,分心与景观和身体之间的交互关联更多。在这种情况下,本雅明非常关注与诸如全景图等媒介景观相关的分心的触觉维度，特别是有没有可能通过物质触觉塑造解放行为，这种体验已经成为现代观众的主导模式。

世界博览会——全球事件的幻象

G 展览、广告、格兰维尔

K 梦幻城市和梦幻之家、未来之梦、人类学虚无主义、荣格

U 圣西门、铁路

Z 玩偶、自动装置

b 杜米埃

"土星的行星环或对铸铁结构的一些评论"

本雅明在《拱廊街计划》中一次又一次地回到如傅立叶、圣西门、布朗基和马克思等那些激进社会思想家和革命者所阐述的现代技术乌托邦愿景中。如果说法伦斯特尔表明了傅立叶对技术城市的乌托邦观念，那么世界博览会则集中体现了圣西门对经济全球化的独特的乌托邦愿景。娱乐业的现代框架最终是由现代奥林匹克运动会（1896—）、足球世界杯（1930—）和世界博览会（1851—）这种全球活动所造就的。[34]这些活动无论是商业的、工业的还是体育的，都打开了真正的全球资本主义的文化规模，并在传播帝国形象方面扮演了决定性角色。[35]在这些活动中，是最古老的全球事件世界博览会，在娱乐业原生历史的背景下获得了本雅明的关注。正如欣斯利（Hinsley）所感受到的那样，发达资本主义和帝国的世界博览会表明

了"用强加的历史解释进行总结性扼杀的行为"[36]。

从1851年在伦敦创始到2010年在上海举办,世界博览会对全球和各国观众一直是一种公共文化的独特形式,作为一种现代大众仪式和都市节日而拥有特殊的地位,影响深远。组织一次世界博览会让主办城市通过采取高风险的市场驱动型都市战略来引领自身加快城市转型。世界博览会的壮观场面有助于阐明观众的集体经验,并在全球范围内传播技术和进步的观念。世界博览会一直是东道国主要产业以及主要跨国全球企业机构展示尖端技术的重要社会实验室。对于本雅明来说,世界博览会是技术和进步社会的象征,"蒸汽动力、电力、摄影和自由贸易的现代概念"都诞生于此[AP(G6;G6a,1),183]。就像1851年为伦敦世博会而建的水晶宫所表现的那样,世界博览会展现了一组特殊矛盾,用机械决定的新方法实现对文艺复兴艺术的模仿。世界博览会代表了一种都市空间,新的艺术与铸铁结构同步诞生[AP(F1a,3),152],加速了"艺术形式的革命"[AP(G6;G6a,1),183-184]。简而言之,世界博览会明确表明艺术将转入市场,而艺术作品只是作为商品形式而存在。世界博览会成为"受欢迎的节日"以及"商品拜物教的朝圣之地",源于这样的愿望:"招待工人阶级并为他们成为一个解放的节日。"(AP,7)

与盛大的希腊奥运会和泛雅典娜节(Panathenaea)相比,世界博览会也许"缺乏诗意",却可能在商品上弥补这一点[AP(G13a,3),197]。世界博览会也变成了"培训学校",工人阶级作为"其第一个客户"却被强行排除在消费行为之外,在识别的意义上充盈了商品的交换价值:"不要触摸展示的商品"(AP,18)。最终,本雅明认为,娱乐业通过"将人提升到商品的层次"来使识别变得更容易(AP,7)。大众在世界博览会中体验景观的方式标志着新感知模式,也就是集体的分心在层次上得以提升:"世界博览会将美化商品的交换价值。博览会创建了一个框架,其使用价值退居幕后。它们打开一个幻象,人进入其中从而被分心。"(AP,7)而"资本主义文化的幻象在1867年世界博览会以其最光彩照人的形式展开"[37](AP,8)。

在世界博览会的展馆中,纯粹的视觉感知占主导地位,广告的原则显而易见:"看到一切,什么都不碰。"[AP(G16,6),201]世界博览会使用的主要广告策略旨在通过将视觉感知分离于物体的身体参与而将观众的欲望融入商品世界。观众对商品的体验只能以图像的形式满足他们的愿望,满足他们的视觉饥饿,但不满足他们的味觉。显而易见的是,广告业能够提供新形式的审美对象,并开发快速审美化商品的技术。传统的艺术作品制作方式不再与这些新的创意产业(例如广告、时装和设计)兼容,而新产业都受到技术进步的支持。自娱乐业建立以来,时装设计师和广告总监成为社会创造力的实际代理人已经是司空见惯的事情。广告业负责为大众生产审美对象。对于本雅明来说,格兰维尔是现代平面广告设计的核心人物。

从20世纪20年代后期开始,格兰维尔(法国漫画家和插画家Jean Ignace Isidore Gérard于1803年至1847年间使用的笔名)的作品成为本雅明分析广告形成新艺术模式的方式之核心。对于本雅明来说,格兰维尔在第二帝国时期期刊的插图中展示了广告如何综合消费者的审美和技术:"格兰维尔的作品是**广告**(publicité)的《西卜林神谕集》。有他在,拥有以笑话或讽刺为初步形式的一切都作为广告真正展开了。"[AP(G1,3),172]在全球消费文化时代,为了在第一时间就捕捉到大众的注意力,艺术品往往会产生感性的图像,从而为观众带来震撼体验。格兰维尔试图通过展示一个颠倒的世界来实现这一效果,这个世界是根据荒谬的一般法则组织起来的,例如捕人的鱼、遛人的狗、穿得像男人的女人等。[38]与格兰维尔同时代的波德莱尔认为他是一个"病态的文学艺术家",试图"将他的思想投射到造型艺术领域"。波德莱尔发现这些图像"令人恐惧"[39]。事实上,波德莱尔的不安表现出与商品世界交织在一起的鲜明图像之崛起。格兰维尔的讽刺画面旨在将理性和有序的自然世界变成幻觉和世界末日的空间,在那里,生和死之间的界限是模糊。通过这种方式,无论格兰维尔是否有意,他的作品都颠倒了社会关系,并允许被压迫者(例如,自然、爱欲、神话)挑战主导的现实世界(例如技术、启蒙、理性)。本雅明掌握了这样一个事实,即格兰维尔的造型画面说明了自然界转变为商品的幻象。有鉴于波德莱尔的不适,本雅明认为格兰维尔的造型乌托邦是广告的原型,揭示了发达资本主义商品文化的神话和拜物教。与世界博览会为大众提供幻象的方式大致相同,格兰维尔的造型提供了"商品的加冕登基,具有分心的光彩"(AP,7)。格兰维尔的插图吸引的群体是大众,即"普通法国人"的眼光,而他们的眼睛熟悉报纸和街头广告牌上的广告。格兰维尔的插图把商品变成神圣的、永恒的、有机的，将它投射到宇宙上："世界博览会传播着商品的世界。格兰维尔的幻想赋予了世界一个商品的特征。是幻想将这个世界现代化了。"（AP，8）通过格兰维尔的造型图像，"资本主义文化的幻象"渗透到广泛的观众之中。

然而，本雅明从格兰维尔插图的乌托邦特征中捕获到幻象的另一个方面。格兰维尔的画面吸引了本雅明，因为它们暗示了一个狂欢节世界的解放潜力和从梦中唤醒的物质手段。根据格兰维尔的想象，本雅明认识到技术的合理性与艺术的幻想相结合，独特地揭示了碎片化和非人化体验的寓言，而这正是商品文化的特征。格兰维尔的插图并不只是遵循与广告相同的原则。它们将商品暴露出来，揭穿了资本主义所延续的神话，揭示了技术和商品世界中有机和谐的幻觉。这就是格兰维尔的造型画面与迪士尼这样娱乐的行业创造的幻想之间的根本区别。在本雅明看来，迪士尼没有任何可怕的东西，可格兰维尔的寓言形象却充满了死亡感——终有一死（Memento Mori）："它（迪士尼）至少并不是病态的。在这一点上，与格兰维尔的幽默不同，后者本身就蕴含着死亡的种子。"[AP（B4a, 2），72]正如本雅明在《德意志悲苦剧的起源》中所阐述的那样，在丢勒的《忧郁症之一》（Melancholia）中体现了一种巴洛克式的忧郁感，将历史视为一个衰落的过程："在寓言中，观察者面对的是作为纯化原始景观的历史的**死亡面具**（facies hippocratica）。"（OGTD，166）本雅明强调格兰维尔插图中的可怕证明了商品的短暂性和瞬时性,或者"绝对图式中想象体验的突然、令人震惊的结晶化",与其永恒的形象形成鲜明对比。[40]在娱乐业时代,格兰维尔的寓言形象,通过揭示其与黑暗幽默的隐藏联系揭示了娱乐业创造的梦想世界之秘密——它的转瞬即逝和病态。

通过这种方式,格兰维尔的作品非常符合本雅明笔下辩证意象的概念。格兰维尔绘画中的技术和视觉动画的结合不仅是广告中使用图形的先驱,也代表了新技术-艺术的出现。出于这个原因,本雅明称格兰维尔是"超现实主义的先驱",尤其是梅里爱的超现实主义电影的先驱[AP(K4,1),396]。与现实主义电影传统的创始人卢米埃尔兄弟(Lumière brothers)形成鲜明对比的乔治·梅里爱(Georges Méliès)是一位专业魔术师,被公认为幻想电影制作的先驱,而幻想电影是一种主要基于电影剪辑的技术。格兰维尔和梅里爱之间的联系表明,本雅明对电影的兴趣不集中在外部世界的表现上,而在于技术配置图像所产生的神奇或超现实效果。

私人空间的幻象

《拱廊街计划》中相关卷章:
D 无聊、永恒轮回
I 内部、痕迹
L 梦之家、博物馆、水疗
V 阴谋、手工业行会
g 证券交易所、经济史
m 懒散

r 巴黎综合理工

1935年版的前三部分集中于与技术进步交织在一起的集体主体的出现,而第四部分"路易·菲利普或内部"则致力于与私人空间的分布联系在一起的个体主体性之诞生。私人空间与个人主体性之间的关系是他早期作品《单行道》的关键主题之一。[41]正如第二章所讨论的那样,资产阶级主体性的形成和崩溃与空间的个体化密切相关,这个空间是由现代小说的扩散、送付和订阅报纸而形成和改变的。在文稿的第四部分,在内部的意义上进一步研究了资产阶级主体的内在体验与私人空间之间的相互作用。正如1937年巴塔耶在巴黎向本雅明引介的法国学者皮埃尔·米萨克(Pierre Missac)所概括的那样,这一部分旨在将"内在性的心理概念"与"内部的社会学概念"联系起来。[42]对本雅明来说最重要的是,直到法国最后一位国王路易·菲利普治下(1830至1848年),中产阶级的私人公民才应运而生。在发达资本主义开始时,作为个体商店集合的拱廊街的扩散,在有组织的零售业发展中占据特定的地位,导致社会空间内部分离空间的出现,这促进了内部的关键物质条件。这里是拱廊街和私人空间之间的关键亲和力:一个没有窗户的空间——"拱廊街没有外部的房屋或通道——就像梦境一样"[AP(L1s, 1), 406]。这个新配置的内部私人空间与工作场所分开,私人与共同体脱钩,资产阶级公民越来越多地强调空间的私人特征。正如施米德根(Schmiedgen)所指出的那样,资产阶级的内在性是一个双重的空间:一方面,是一个"主观性总是被迫在关于自身的壁橱中"的空间;另一方面,是一个"试图内化另一个并进而内化外部"的空间。[43] 19世纪的资产阶级内部装潢标示了资产阶级社会的物质基础:"从此产生了内部的幻象——对于私人来说,这代表了世界。在内部,人们汇集了来自远方和远古的元素。他的起居室就是世界剧院的一个盒子。"(AP, 9)内部是"艺术的避难所",为资产阶级个体提供了远离公共领域的精神庇护。

私人空间的幻象特征不仅揭示了资产阶级主体性孤立于外部世界的事实,而且揭示了它的物化和拜物教特征。艺术品的光晕因技术复制性而褪去并被副本所取代,以类似的方式,个体公民原有的真实性被大众消费、大众传播和群众运动所破坏。正如科恩(Cohen)所观察到的那样,个体性只存在于"现代性对个体的实体化"中,这是"物化主体/客体之分的表现",而路易·菲利普"并不是辩证逆转的代理人,而是所有其神秘化的标志"[44]。在青年风格(或新艺术)运动和收藏家中,本雅明发现了一些颠覆私人个体性物化的动机。在本雅明看来,一方面,世纪之交的青年风装饰艺术通过将装饰品放置在私人住宅中来完善个人主义。借此,青年风的装饰通过为了将内部转化为自然并"扭转"资产阶级个体的"心性"而试图释放技术潜力。另一方面,收藏家改变了装饰品。世界博览会通过将对象变得有趣来促进"商品世界",而收藏家则背负着"西西弗斯的任务"——通过占有对象来剥夺其商品性质的内部(AP, 9)。在文稿中,资产阶级的私人收藏家被描述为"真正的内部居民",他不断尝试用商品的使用价值取代商品的交换价值,在他试图制定媒介批评的实践中,本雅明将之归于一种动机:亵渎的启明或对收集仍去幻象化。

我们将在本章稍后部分更详细地讨论收集的功能。但他对资产阶级主体性的空间性的洞见使我们提出了一个批判性的问题:本雅明对私人空间从共同体中分离和资产阶级主体构造的分析,在多大程度上与在今天的数字技术时代审视媒介空间与用户之间的交互有关?各种形式的私人化媒体平台(例如联网的智能手机和 iPad 这样越来越个性化的技术设备)在有助于即时联系全球各地的人们的同时,是带了集体社会主体,还是在事实上导致个体主体更加孤立于真正的公共空间呢?鉴于当前通信技术无处不在的特点,可以说资产阶级主体性的形成不再局限于由内部甚至某种形式的资产阶级意识形态所构成的私人空间。

街道的幻象

《拱廊街计划》中相关卷章

J 波德莱尔

M 闲逛者

P 巴黎的街道

d 文学史、雨果

l 塞纳河、最古老的巴黎

城市空间内私人公民的转型将与街道上闲逛者的形象联系在一起,并进行进一步分析。1935 年版的第五部分"波德莱尔,或巴黎的街道"概述了现代都市文化觉醒时的城市懒汉这一具体主题。本雅明终生关注作为闲逛者的波德莱尔,表明这位法国诗人被视为商品文化时代的典型作家,是旧媒介景观特别是资产阶级文学界崩溃的缩影。本雅明对波德莱尔的开创性研究在"《拱廊街计划》中最重要的主题里俯仰皆是"(C,556)。他为波德莱尔写书的计划从未全部完成,但他对波德莱尔的大量笔记和评论以碎片的形式在"中央公园"和卷J—波德莱尔中幸存下来。

拱廊街产生的新技术空间并不是简单地模糊私人内部和公共外部之间的界限。事实上,随着外部空间被认为是内部空间,拱廊中出现的"空间上相互渗透"显示出地形的矛盾就像"莫比乌斯环"。[45]随着拱廊街作为新商业空间的出现,闲逛者的形象也随之出现,闲逛者在拱廊街徘徊的方式说明内部和外部的空间交叉:"在这个世界上,闲逛者是在家里的,他为拱廊街……提供了相应的编年史家和哲学家。对他自己而言,拱廊街为他提供了一种可靠的补救措施,以应对饕足的反动政权的恶毒之眼中容易产生的那种无聊。"(SW4,19)拱廊街是资产阶级购物而其他人饱饱眼福的地方。由于"波德莱尔对寓言的最初兴趣不是语言学而是光学的"(SW4,187),闲逛者的独特特征存在于视觉上与大都市相遇的感觉。正如弗里斯比所说,现代城市中观察者的观察活动是"在现代性迷宫中理解和阅读无数复杂能指的多面方法"[46]。现代意义上的闲逛者或橱窗购物的"动员的凝视"和拱廊街一道应运而生。[47]在这个商品剧场中,闲逛者不是买主,更多是一个旁观者。"闲逛者破坏了交通。而且,他不是买主。他是商品。"[AP(A3a,7),42]在拱廊街里,空间的幻象与消费文化并存,闲逛者以视觉与商品的相遇抓住了资产阶级主体向大众的过渡地位。

对于本雅明来说,一种新型消费体验的兴起与大众消费的增长以及闲逛作为对"空间和时间的精神病占用"的流行结束相对应。[48]本雅明将个体主体融化的过程比作百货商店这一商业空间的崛起:"人群是面纱,熟悉的城市作为幻象透过这个面纱向闲逛者招手——如今是一个景观,一间房间。它们都成为百货商店的元素,而百货商店正是利用闲逛本身来销售商品。"(AP,10)百货公司成为1840年至1870年间城市零售业发生巨大变化的必然结果,加速了拱廊街的衰落。早期的百货商店通过让都市居民意识到最新的商业创新,而在大众消费社会的发展中发挥了突出作用。[49]在拱廊街中,主要客户不是大众,而是特权阶层中较小的一部分,他们想要与公众区别开来。关于性别问题,正如本雅明显然认为闲逛者只是一个男性资产阶级主体那样,百货商店的崛起涉及"闲逛者女性化的过程"[50]。结合个体性和集体性,拱廊街向百货公司的转变加速了"私人"闲汉的衰落和大众消费者的出现。百货公司很快成为"闲逛者的最后一条长廊"(AP,10)。对于本雅明来说,随着百货商店的成立,人群第一次成为消费主力,消费者开始"认为自己是大众"[AP(A4,1),43]。在百货商店,新集体主体"面对各种各样的商品,他们一眼就看到了所有楼层,他们支付定好的价格,他们可以进行交流[AP(A12,5),60]。百货商店是波德莱尔笔下

"大城市的宗教蛊惑"所供奉的寺庙[AP（A13），61]。随着集体购物空间的出现，闲逛者在观看中的乐趣，先前是以沉思的观察为基础，现在很容易被干扰打乱。街道上的闲逛者的存在可能与拱廊街这样的消费空间的增长有关，而其衰落则因快速的城市规划而加剧，比如奥斯曼改造巴黎街道和百货公司所产生的大众消费者文化。

公共空间的幻象

《拱廊街计划》中相关卷章
E 奥斯曼改造、街垒战
X 马克思
k 公社
a 社会运动

文稿的最后一部分"奥斯曼或者街垒"包含了都市景观幻象中另类公共空间的兴起。乔治-欧仁·奥斯曼男爵（Baron Georges-Eugène Haussmann，1809—1891）是拿破仑三世统治下的地方行政长官和市政规划师，他在19世纪60年代主持修建十二条从凯旋门（Arc de Triomphe）扩散开的大道来主导巴黎城市空间的翻新和现代化。他这一城市规划的空前规模也是对街垒的政治和战略回应，旨在摧毁旧巴黎社区的狭窄街道。奥斯曼的都市主义旨在划分和隔离空间。他的大型计划通过拆除许多像拱廊街这样建于19世纪早期的历史遗迹并对公共设施和交通设施进行现代化，来将娱乐和休闲的空间与工作场所分隔开来。正如博耶（Boyer）所生动地说明的那样，奥斯曼试图将巴黎变成

"一个循环和流通的现代城市"。城市的古迹与其历史背景隔离开来,也与"城市的构成形式的有机元素"脱钩。[51]旧巴黎是审美愉悦的城市,肉体的相遇和历史记忆被技术流动性和商品景观的城市所取代。在这种破坏和转变之后,历史的集体记忆随着私人公民和闲逛者一道消失了。

奥斯曼的林荫大道通过拆除工人阶级社区来巩固资产阶级霸权,而1871年3月18日至1871年5月28日的巴黎公社或者称第四次法国大革命,是集体公共空间对抗城市景观幻象的原初形式的象征:"就像《共产党宣言》结束了职业阴谋家的时代一样,巴黎公社也结束了早年摆弄无产阶级的幻象。"(AP,12)巴黎公社标志着通过从大众消费和资产阶级政权的梦想世界中唤醒集体并将城市变成"游戏空间"来终结资产阶级的现代性幻象(SW4,265)。游戏涉及一种模仿能力,能够解放受限制和疏离的人类感官,而空间需要身体实践的物质条件。在公社中,本雅明找到了一种不同于孤立的私人公民幻象的社群社会关系之替代模式。正如汉森所恰当地指出的那样,本雅明关于游戏空间的观点指出了"与现代集体体验相匹敌的另类审美模式,这种审美在感觉层面上可以抵消失败的技术接受——也就是资本主义和帝国主义、破坏性和自我毁灭的技术接受"[52]。公社展示了亵渎启明、从现代性的幻象中醒来的批判性主题。以他对公社的分析为代表的游戏空间旨在通过一种新的集体审美和政治实践形式来构建一种新形式的大众。公社揭示了"社会动荡的乌托邦和启示时刻,这与本雅明的黑暗救赎政治弥赛亚主义保持一致"[53]。显然,本雅明对新公共空间的愿景将团结和共同体的新原则融入了作为游戏空间的电影院等这类媒介的技术潜力之中。然而,目前尚不清楚这些通过感觉、身心和审美的经验产生的新的公众,是无产阶级还是诸众呢?

媒介批评家的触觉

关键作品

"评论家的任务"(1931 年)
"作为生产者的作者"(1934 年)
"爱德华·福克斯——收藏家和历史学家"(1936 年)
H《拱廊街计划》中的收藏家

正如公社那一节所揭示的那样,本雅明将公共空间作为游戏空间这一富有想象力的概念受到超现实主义试图将城市空间变为一个操场的试验的启发。在本雅明1928 年的作品《单行道》中,超现实主义在本雅明对资产阶级文学文化的人文主义元素的批判中所施加的影响已经很明显了。路易·阿拉贡(Lous Aragon)的《巴黎农民》(*Paris Peasant*)和安德烈·布勒东(André Breton)的《娜嘉》(*Nadja*)所代表的超现实主义城市体验揭示了对城市中熟悉对象的陌生体验。超现实主义的试验为本雅明提供了理论手段,使一种独特的城市体验模式与审美实践的过程相一致,并从梦想世界中唤醒,这是一个被概念化为"亵渎启明"(SW2, 209)的过程。超现实主义实践中的"多重体验"或"超现实主义城市崇高"更接近本雅明关于城市景观的震撼体验这一观念,而非波德莱尔对巴黎城市现实的视觉观察。[54]但是,在他1929年的文章《超现实主义——欧洲知识界的最后快照》中,本雅明将超现实主义的实践明确视为"僵化的自由主义道德人文主义理想"(SW2,215)和"迷醉本质的一种不充分和非辩证的概念"(SW2,216),将他们的彻底失败直接归因于他们在挽回个人主观性时的妥协。对于本雅明来说,超现实主义审美实践所捕获的戏剧性现实和神话妄想只不过是一种闲逛者的视觉快感,或者说是"眼睛的饕餮",契合疏离的资产阶级男性个体之嗜好。尽管他们积极使用尖端技术和激进政治表现以反对自由派资产阶级政权,但超现实主义者的内在缺点源于他们对主流人文主义传统的浪漫立场。超现实主义者仍然处于视觉中心的霸权之中,并没有涉及集体经验的触觉维度,也就是亵渎启明那典型却被忽视的属性。

> 然而——事实上,正是在这种辩证的湮灭之后——这仍然是一个形象空间,更具体地说,是一个身体空间……集体也是一个身体。可以通过其所有政治和事实现实,在技术中为其组织起来的涌现(physis),仅在亵渎启明呼唤我们的形象空间中产生。只有当技术身体和形象空间相互渗透,以至于让所有革命的张力成为身体的集体神经支配,而当集体的所有身体神经支配都成为革命性的释放时,现实才能超越到

《共产党宣言》所要求的程度。(SW2, 217-218)

对于本雅明而言,超现实主义的审美试验并没有与基于资产阶级公共领域的传统人文主义实践充分分离,也未能完全融入另一种能够在不同技术形式的帮助下逐渐扩展社会和文化视野的替代性公共空间模式。与基于人文主义传统的启蒙思想不同,亵渎的启明不像私人空间中的个体理性反思,而更像是公共空间中的集体身体实践。这些"欧洲知识分子"仍然是"我们都不想成为"的"私人公民"(GS VI, 442)。

因此,本雅明继续拒绝超现实主义审美实践的核心方面,认为这些方面都根植于对城市体验的浪漫理解。超现实主义美学的关键局限在于无法创造一种可传播的体验形式,他们的艺术作品的经验主要是孤立和私人的经验,而不是属于集体大众的经验,无论他们是人群还是公众。对于本雅明而言,超现实主义者仍然停留在"形而上学唯物主义"的传统,未能认识到"人类学唯物主义"的新原则。这些原则不再基于个人的光学沉思,而是基于与复杂游戏空间交织在一起的集体触觉分心。而这个空间又如前面的引文所示,由技术、图像和身体三个维度构成的空间。在本雅明看来,传统的人文主义知识分子,包括激进的超现实主义者,都未能应对一种新的公众模式,这已经开始动摇,并以前所未有的规模导致欧洲现代性的全面危机,无论是否以法西斯主义或某种流行文化的形式。实现远离幻象的亵渎启明不仅要抱有批判的意识,还要加强改善大众模仿能力的行为习惯。

与超现实主义保持距离后,本雅明在德国马克思主义历史学家爱德华·福克斯(Eduard Fuchs,1870—1940)的实践中,展望了资产阶级公共领域危机之后新知识分子的基本能力。本雅明在他的文章《爱德华·福克斯——收藏家和历史学家》(Educard Fuhs, Collector and Historian)中认识到,福克斯完全脱离了艺术和历史主义的经典观念,因此,传统的资产阶级审美范畴在他的作品中没有任何作用:"既不是美丽的外表(der schöne Schein),也不和谐,更不是多方面的统一。"(SW3, 268)如果说波德莱尔被视为城市景观的寓言作家,那么福克斯就被认为是城市废墟的收藏家[AP(H4a, 1), 211]。[55]收藏家的行为主要以身体参与而非细致的沉思为特征。"拥有触觉并与触觉联手,并与光学有一定程度的对立。收藏家是具有触觉本能的动物。此外,随着最近转向自然主义之外,20世纪占决定地位的光学优先性已经结束。"[AP(H2,5), 206-207]收集表明一种新形式的历史和美学实践,也就是"一种研究的原始现象",并且作为"近处的所有亵渎之表现"之最大约束而发挥功能[AP(H4,3), 210; AP(H1a, 2), 205]。

假设闲逛者代表的是视觉中心主体性的替代模式,收藏家则是主体新模式的缩影,这一主体控制了客观世界并加以转换,"通过占有它们来褫夺其商品性质"(AP, 9)。通过用"使用价值"取代"展览价值"的主导地位,收藏家旨在摧毁现代性的幻象,并恢复"集体的梦想"(AP, 908),这些梦想被捏造成一种商品文化的景观。收藏家可以公开参与集体记忆的政治斗争。如果说作为寓言作家的闲逛者只致力于视觉愉悦,那么收藏家则根据觉醒的形象呈现历史知识。作为一种来自各种形式的娱乐产业所阐述的戏剧幻觉的觉醒,亵渎启明是由集体记忆的例证所引发的。沿着这一脉络,收藏家不像理论家,而像一个实践者或美学工程师,他用身体参与景观之流,历史遗忘之流。

通过将"触觉"元素整合到媒介实践中,本雅明将媒介技术的模仿可能性置于新公众形成的中心位置。对于本雅明来说,电影不是一种视觉媒介,而是一种触觉媒介,通过一个分心的接收过程产生身体集体。革命的目的是适应媒介的触觉特征并重组统觉:"革命是集体的神经支配——或者更准确地说,是对在新技术中拥有其器官的新的、前所未有的集体进行神经支配的努力。"[56] (SW3,124)对景观的视觉中心体验导致了身体的麻醉,而本雅明认为触觉是一种替代。正如威尔克(Tobias Wilke)所指出的那样,媒介批判的任务需要"感官政治",其中包括"通过触觉袭击新领域"来"打造人类的感官并赋予这些感官能力"[57]。本雅明媒介批判的革命政治目标通过拯救被疏远的人类感官、扭转模仿能力的衰落以及重建已经碎片化的身体也就是身体集体的联觉,产生一个能够改变日常生活中幻象经验的身体集体。

结　论

在本章中,我描述了《拱廊街计划》中分析的公共空间的不同形式被描述为一个集体经验的社会场所和大众的生存语境。诸如拱廊街、全景画和世博会这样的都市空间,构成了由媒介景观的美学经验所表达的文化地标。包括文学公共领域在内,资产阶级公共文化的消融与各种娱乐工业的崛起同时发生。在我看来,在《拱廊街计划》中探索的公共空间之出现以三种方式标示着资产阶级现代性之幻象的终结:从认识论来说,这标志着个体理性的终结;从物质上来说,标志着协商公共领域的终结;从象征的角度来说,则标志着书信文化的终结。当通过分心感知到的快感之动力学取代了与政治舞台紧密相连的理性交流时,资本主义公共领域的崩溃和协商民主的危机就加快了进程。这其中存在着哈贝马斯所提出的协商或对话公共领域的规范形式,与本雅明笔下美学公共空间的批判模型之间深远的差异,后者是由意象、技术和身体空间三个维度构成的一个游戏空间。在诸如超现实主义、布莱希特的史诗剧、俄罗斯的儿童剧中的激进运动、爱森斯坦的电影实验等同时代的先锋运动中,本雅明试图找到能够产生美学公共空间新模式的典范和代表。本雅明与这些先锋运动分享对资产阶级公共空间和欧洲文化艺术中人文主义传统的批判,但也通过挑战现代主义规划的基石,并把握大众文化在新大众公共场所的形成中所发挥的建设性角色而比这些运动走得更远。

就此而论,值得注意的是,本雅明媒介批判的关键特征直接对立于由霍克海默、阿多诺和哈贝马斯这些法兰克福学派核心成员所提出的意识形态批判(Ideologiekritik)。这些差异对于理解对当代媒介研究尤其重要。首先,与媒介研究的对象有关,意识形态批判从社会总体的视角考虑对象。相反,本雅明的媒介批判将对象视为一个单子式的碎片。阿多诺尤其批判本雅明笔下辩证意象的方法论观念的直接性和对概念沉思的缺乏。其次,意识形态批判试图针对世界观(Weltanschauung)分析意识的认知层次,旨在帮助大众以自我反思的判断改正其错误意识。与此相反,媒介批判试图在世界图景(Weltbild)的意义上处理所表达的主体经验之知觉层次。当意识形态批判将这些由大众媒介创造的壮观意象视为真理的错误表象时,本雅明的媒介批判将其视为嵌入在他们梦中的集体意愿之表达。最后,意识形态批判是规范性批判的特定形式,由诸如自由、真实个体性或快乐这些规范来判断社会实践。就此而言,意识形态批判被文化的后现代理论尖锐批判为一个普世的元叙事,通过这些规范判断一个特定的信念系统。本雅明的媒介批判恰恰相反,将批判视为一个历史和文化客体的表现,通过实践帮助重建根植于客体之中的历史意义。

因此,意识形态批判作为霍克海默和阿多诺发展的文化工业之核心学说,在媒介景观的语境下,几乎不可能作为一种理论和实践持续。尽管其对现代理性进行了深刻的诊断,但这种对启蒙运动的意识形态批判来源于以下核心观念:只有批判理性能够反思和纠正错误的信念体系。然而,意识形态批评很少关注认知过程条件和知识生产的实质性变化。本雅明的媒介批评并不否认批判理性有作用,然而批判性理性需要某种形式的细心沉思,并在批判反思的认知主体和对象之间留下充分的距离。在一个主要集体经验与媒介景观联系在一起的社会中,时间和空间的结构被新的沟通方式迅速重塑，认知主体与其对象之间的界限不断被渗透，导致认知主体与其对象之间的充分但必要的距离崩溃。在媒介景观的时代，很难区分真与假、艺术与复制、真实故事与虚构戏码，最终也很难区分真实与幻觉。

注释：

[1]Rolf Tiedemann, 'Dialectics at a Standstill: Approaches to the Passagen-Werk', in AP, 929.

[2]Margaret Cohen, 'Benjamin's Phantasmagoria: The Arcades Project', in David S. Ferris (ed.), *The Cambridge Companion to Walter Benjamin* (Cambridge: Cambridge University Press, 2004), p. 210. 关于本雅明的犹太弥赛亚主义，见 Irving Wohlfarth, 'On the Messianic Structure of Walter Benjamin's Last Reflections', *Glyph* 3 (1978): 148-212.

[3]Margaret Cohen, 'Benjamin's Phantasmagoria', p. 203.

[4] Michael W. Jennings, *Dialectical Images: Walter Benjamin's Theory of Literary Criticism* (Ithaca, NY: Cornell University Press, 1987), pp. 204-205.

[5]单子一词是德国哲学家和数学家莱布尼茨（Gottfried Wilhelm Leibniz, 1646—1716）所阐述的形而上学概念，指的是宇宙中终极不可化约的元素。关于莱布尼茨的单子论对本雅明在《拱廊街计划》中讨论知识哲学的认识论影响，参见 Peter Fenves, 'Of Philosophical Style-from Leibniz to Benjamin', *boundary* 2 30:1 (2003): 67-87.

[6] Siegfried Kracauer, 'On the Writings of Walter Benjamin', in *The Mass Ornament* (Cambridge, MA: Harvard University Press, 1995), pp. 261-262.

[7]Hannah Arendt, 'Introduction', in Walter Benjamin, *Illuminations*, ed. Hannah Arendt (London: Fontana, 1973), p. 43.

[8]1935年春天,本雅明在巴黎遇见了哈特菲尔德,当时这位德国艺术家参观了他的蒙太奇照片展。在1935年7月18日给阿尔弗雷德·科恩(Alfred Cohn)的一封信中,本雅明表示他与哈特菲尔德就摄影进行了很好的谈话(C, 494)。

[9]David Bordwell, 'Montage in Theatre and Film', in *The Cinema of Eisenstein* (Cambridge, MA: Harvard University Press, 1993), p. 120.

[10]Bordwell, 'Montage in Theatre and Film', p. 120.

[11]Bordwell, 'Montage in Theatre and Film', p. 121.

[12]Gyorgy Markus, 'Walter Benjamin or The Commodity as Phantasmagoria', *New German Critique* 83 (Spring/ Summer, 2001): 13.

[13]Kevin McLaughlin, "Virtual Paris: Benjamin's '*Arcades Project*'", in Gerhard Richter (ed.), *Benjamin's Ghosts* (Stanford, CA: Stanford University Press, 2002), p. 206.

[14]*Oxford English Dictionary*, vol. XI (Oxford: Oxford University Press, 1998), p. 658.

[15]Terry Castle, 'Phantasmagoria: Spectral Technology and the Metaphorics of Modern Reverie', *Critical Inquiry* 45 (1988): 48—50.

[16]Margaret Cohen, 'Walter Benjamin's Phantasmagoria', *New German Critique* 48 (Fall 1989): 87-107.

[17]Friedrich Kittler, *Optical Media* (Cambridge: Polity, 2002), p. 70.

[18]Anne Friedberg, *Window Shopping* (Berkeley, CA: University of California Press, 1994), p. 31 and Jonathan Crary, *The Technique of the Observer: On Vision and Modernity in the*

Nineteenth Century (Cambridge, MA: MIT Press, 1992), p. 4.

[19]Irving Wohlfarth, 'Smashing the Kaleidoscope', in Michael P. Steinberg (ed.), *Walter Benjamin and the Demands of History* (Ithaca, NY: Cornell University Press, 1996), p. 199.

[20]Crary, *The Technique of the Observer*, pp. 129-132.

[21]Martin Jay, *The Dialectical Imagination: A History of the Frankfurt School and the Institute of Social Research* 1932—1950 (London: Heinemann, 1974), pp. 193-194.

[22]与霍克海默的积极回应和鼓励形成鲜明对比的是,阿多诺对1935年的版本进行了严厉的批评。在1938年11月10日的一封信中,阿多诺通过联系本雅明对波德莱尔的研究提出了一个使用幻象的特殊问题:

> 在我看来,这种务实的介绍会有损于幻象的客观性……与第一章中将幻象贬为文学波希米亚中行为的特征类型的方法一样。你不必担心我会建议幻象应该只在你的文本中以无中介的形式存在,或者研究本身应该假设一种幻象特征。但只有以一种将其视为客观历史—哲学范畴,而非视为对社会性格一部分的"愿景"的真正深刻的方式,才能完成对幻象的清算。正是在这一点上,你自己的概念与对19世纪的所有其他方法都不相同。(ABC,281-282)

虽然本雅明坚决捍卫他对幻象的用法,但他也部分地考虑了阿多诺对他1935年版本结构的建议。在1939年的版本中,本雅明在引言中更加全面地阐述了幻象,并在结论中更加强调了布朗基的激进乌托邦主义,同时删除了第二部分"达盖尔或全景图"。出于这个原因,我认为1935年的版本是更接近本雅明原来的思想的提纲。

[23]Johann Friedrich Geist, *Arcades: The History of a Building Type* (Cambridge, MA: MIT Press, 1983), p. 12.

[24]Geist, *Arcades*, p. 60.

[25]Michael Hollington, 'Benjamin, Fourier, Barthes', in Gerhard Fisher (ed.), *'With the Sharpened Axe of Reason': Approaches to Walter Benjamin* (Oxford: Berg, 1996), pp. 116-117.

[26]Charles Fourier, The Utopian Vision of Charles Fourier: Selected Texts on Work, Love, and Passionate Attraction (Columbia, MI: University of Missouri Press, 1983).

[27]Fourier, 'The Ideal Community', in *The Utopian Vision of Charles Fourier*, p. 243.

[28]John McCole, *Walter Benjamin and the Antinomies of Tradition* (Ithaca, NY: Cornell University Press, 1993), p. 285.

[29]Stephan Oettermann, *The Panorama: History of a Mass Medium* (New York: Zone Books, 1997), pp. 15-16.

[30]M. Christine Boyer, *The City of Collective Memory: Its Historical Image and Architectural Entertainment* (Cambridge, MA: MIT Press, 1996), p. 253.

[31] Graeme Gilloch, *Walter Benjamin: Critical Constellations* (Cambridge: Polity, 2002), p. 121.

[32]Jonathan Crary, *Suspensions of Perception: Attention, Spectacle and Modern Culture* (Cambridge, MA: MIT Press, 2001), p. 138.

[33]Friedberg, *Window Shopping*, p. 20.

[34]Maurice Roche, *Mega-events and Modernity: Olympics and Expos in the Growth of Global Culture* (London: Routledge, 2000).世界博览会也被称为"世博会""全球展",或只叫"博览会"。

[35]关于一个帝国共同形象的必要性,爱德华·萨义德(Edward Said)敏锐地指出:"因为帝国的企图取决于拥有一个帝国

的想法,正如康拉德似乎已经如此有力地意识到的那样,而所有的准备工作都在一个文化的框架内为此展开;反过来,帝国主义获得了一种连贯性、一套经验,以及统治者和被统治者在一个文化内相似的存在。"Edward W. Said, *Culture and Imperialism* (New York: Alfred A. Knopf, 1993), p. 11.

[36]Curtis M. Hinsley, 'Strolling through the Colonies', in Michael P. Steinberg (ed.), *Walter Benjamin and the Demands of History* (Ithaca, NY: Cornell University Press, 1996), p. 120.

[37]有关19世纪法国的展览政治,见Patricia Mainardi, *Art and Politics of the Second Empire: The Universal Expositions of 1855 and 1867* (New Haven, CT: Yale University Press, 1987).

[38]Michele Hannoosh, *Baudelaire and Caricature: From the Comic to an Art of Modernity* (University Park, PA: The Pennsylvania State University Press, 1992), p. 159.

[39]Charles Baudelaire, *The Painter of Modern Life* (London: Phaidon, 1995), pp. 180-181.

[40]Max Pensky, *Melancholy Dialectics: Walter Benjamin and the Play of Mourning* (Amherst, MA: The University of Massachusetts Press, 1993), p. 215.

[41]本雅明对资产阶级内部和都市个体性的分析表现在《单行道》的以下章节中:'Breakfast Room' (SW1, 444-445); 'Cellar' (SW1, 445); 'Dining Hall' (SW1, 445-446); 'This Space for Rent' (SW1, 476); and 'Betting Office' (SW1, 484-485).

[42]Pierre Missac, *Walter Benjamin's Passages* (Cambridge, MA: MIT Press, 1995), p. 112.

[43]Peter Schmiedgen, 'Interiority, Exteriority and Spatial Politics in Benjamin's Cityscapes', in Andrew Benjamin and Charles Rice (eds), *Walter Benjamin and the Architecture of Modernity* (Melbourne: re.press, 2009), p. 149.

[44]Cohen,'Benjamin's Phantasmagoria', p. 214.

[45]Tom Gunning,'The Exterior as *Intérieur*: Benjamin's Optical Detective', *boundary* 2 30: 1 (2003): 106.

[46]David Frisby,'The flâneur in social theory', in Keith Tester (ed.), *The Flâneur* (London: Routledge, 1994), p. 93.

[47]Friedberg, *Window Shopping*, pp. 29-31.

[48] Rob Shields,'Fancy Footwork: Walter Benjamin's Notes on Flânerie', in Keith Tester (ed.), *The Flâneur*, p. 73.

[49]Rudi Laermans,'Learning to Consume: Early Department Stores and the Shaping of the Modern Consumer Culture (1860—1914)', *Theory, Culture and Society* 10 (1993), p. 80. 同见 Rosalind H. Williams, *Dream Worlds: Mass Consumption in Late Nineteenth-Century France* (Berkeley, CA: University of California Press, 1991).

[50]Mike Featherstone,'The Flâneur, the City and Virtual Public Life', *Urban Studies* 35(5-6) (1998): 914.

[51]Boyer, *The City of Collective Memory*, p. 38.

[52]Miriam B. Hansen,'Room-for-Play: Benjamin's Gamble with Cinema', *October* 109 (Summer 2004): 6.

[53]Cohen,'Benjamin's Phantasmagoria', p. 217.

[54]Margaret Cohen, *Profane Illumination: Walter Benjamin and the Paris of Surrealist Revolution* (Berkeley, CA: University of California Press, 1995), pp. 213-214.

[55]Ackbar Abbas,'Walter Benjamin's Collector: The Fate of Modern Experience', in Andreas Huyssen and David Bathrick (eds), *Modernity and the Text: Revisions of German Modernism* (New York: Columbia University Press, 1992), pp. 216-240.

[56]《牛津英文词典》描述了19世纪80年代"神经支配感"(Innervationsgefühl)这一术语的心理学意义是如何被接受为由假

定的原因在神经上释放施加的力感。1898 年,它被更具体地用于表示"释放直接的能量感,与能量产生的任何结果无关;这种对感官意识的独特修改被称为努力感或神经支配感"(*Oxford English Dictionary*, vol. VII, p. 994.3)。在神经生理学意义上,神经支配意味着"器官、腺体或肌肉的神经分布和供给",偶尔也表示"器官,腺体或肌肉的神经刺激"(Arthur S. Reber and Emily Reber, *Penguin Dictionary of Psychology* (London: Penguin, 2001), p. 355.1)。这些生理学理解起源于威廉·詹姆斯(William James)在《心理学原理》(1890)中提出的情绪理论。在本雅明将神经支配应用于他对电影感知的分析中,值得注意的是谢尔盖爱森斯坦在他的蒙太奇和吸引力理论中明确提到了身体运动及其对情感的影响。Eisenstein, 'Montage of Attraction', in Richard Taylor (ed.), *The Eisenstein Reader* (London: British Film Institute, 1998), p. 30 and Sergei Eisenstein, 'Notes on Biomechanics', in Alma Law and Mel Gordon (eds), *Meyerhold, Eisenstein and Biomechanics: Actor Training in Revolutionary Russia* (Jefferson, NC: McFarland & Company, 1996), p. 164. 如果本雅明对神经支配的使用被理解为调节人类与媒介之间的相互作用,那么他对震撼经验的描述与弗洛伊德的超现实主义观念有很大不同。超现实主义作品中的"震撼"主要是为了保护主体免受外部世界的影响,而本雅明思想中承载着震惊的分心,通过提供触觉反应更有建设性地形成主体性。有关本雅明电影理论中神经支配概念的详细谱系分析,请参阅 Miriam Hansen, 'Benjamin and Cinema: Not a One-Way Street', *Critical Inquiry* 25 (Winter 1999): 306—343.

[57]Tobias Wilke, 'Tacti(ca)lity Reclaimed: Benjamin's Medium, the Avant-Garde, and the Politics of the Senses', *Grey Room* 29 (Spring 2010): 44.

本雅明媒介批判的现实性

结论

在本书中，我试图提出：本雅明对媒介的批判为多种模式传播的发展及其对人类感觉中枢、主体性、美学实践乃至政治场域的冲击提供了独特的见解，这些见解与今日的媒介景观密切相关。本雅明对媒介的独特论述为当代媒介与文化研究提供了很多有价值的观点，但其中仍有几个方面不应该毫无争议地加以认可。不仅应该追问他的见解是否在其自身的历史语境中有效，也应该去追问他对传播技术早期阶段的分析是否仍能够以其原有形态持续生效，并适用于如今更加复杂的媒介景观。作为结论，我想通过对比本雅明的媒介批判与法兰克福学派媒介理论的核心学说，并将其放置在其他几位更晚近的媒介理论家作品的语境下，来提炼出本雅明媒介批判的几条更深层的理论内涵。

批判理论与文化工业

法兰克福学派对当代媒介研究的发展做出过不少贡献，但如果不进行深刻的理论修正，其中部分主要学说如今看起来就会难以适用。对于法兰克福学派的主要成员,特别是对霍克海默与阿多诺来说,被他们称为"文化工业"的大众文化,在资本主义系统的新形式中扮演了主要角色,最终借助大众媒介与商品文化引诱人们服从统治性的社会关系。文化工业的理论将西方文明的自我毁灭和极权主义的出现都归咎于工具理性的统治,而这种工具理性深深根植于启蒙规划自身之中。鉴于政治极权主义与好莱坞娱乐产业这两者的迅速成长,霍克海默与阿多诺认为,文化工业的操纵与控制导致人们无法交流本真的经验。他们将卢卡奇的"物化"这一哲学概念应用到了文化领域,借此把社会理解为一个整体。霍克海默与阿多诺指出,资本主义文化是由统治阶级所强加的,而大众媒介不过是达到彻底宰制社会的一种手段。

这一对文化工业的激进分析固然为媒介的社会理论提供了一个有价值的出发点,但不足以构成一个检视媒介与现代社会之复杂维度的基础。不同于媒介批判,霍克海默与阿多诺的文化工业理论过于抽象,无法应用到媒介文化的具体分析中。他们处理文化工业的路径至多将媒介视为一个统治的工具而已。这一内嵌于他们的方法论(即意识形态批判)中的过度简化让他们排斥流行文化在具体政治语境中的任何反叛向度(比如爵士乐、摇滚与电影),因此他们无力理解现代社会复杂的物质层面,而现代社会正是由多种传播技术的模式共同编织而成的。

批判媒介理论与公共领域

尤尔根·哈贝马斯关于公共领域的出现与转型的早期观点为一种媒介与民主的批判理论作出了瞩目的贡献,尽管他与社会研究所的第一代学者处于不同的脉络之中。哈贝马斯将本雅明所阐释的那一类批判界定为救赎的批判,这类批判在解读文化史时倾向于从剧变中拯救文化史,并"像在文学与艺术中那样",高度关注"积淀在日常生活的表现性质中的集体幻象"。哈贝马斯明确地强调,本雅明的模仿理论、语言理论与交流理论都是由神学传统所支撑的,这一神学传统乃是对历史的反人道主义弥赛亚观与一种以神话为导向的理解。很明显,本雅明媒介批判的核心特征在很多方面都与哈贝马斯的交往行为理论针锋相对。体现在两人各自对历史与批判的认识论视角中的不可兼容性,拉开了两种有关公共领域的理论之间的距离。哈贝马斯关于资产阶级公共领域兴衰的观点对我们理解协商民主或对话民主的规范性基础做出了有价值的贡献。然而,他关于公共领域的理论在很多方面都不能令人信服。最重要的一点是,他的作品无法为交流的其他向度提供有说服力的解释,而这些向度与交流的发散向度关联有限。相比于诸如特定历史语境下的印刷媒介这类传播媒介所承担的角色,他的公共领域观更接近由印刷所刺激出来的对话与讨论。就像文化工业理论一样,哈贝马斯相信媒介不过是向接受者发送信息的技术设备而已。如果是这样的话,有一个重要的问题依旧悬而未决;联系到政治文化的多种样态,媒介如何能像印刷术一样改变公众的特定性质呢?哈贝马斯过度强调了作为"典范"的18世纪末英国,忽略了其他地域和时代。因此,哈贝马斯的公共领域理论不足以解释其他非资产阶级公共领域的动力学,而这些公共领域是由多种社会行动者产生的。

哈贝马斯的公共领域理论相信,公共场域是个人言说与行动的形式条件,无论个人的出身与地位如何。而本雅明对娱乐产业的分析却通过将一个更综合的审美公共空间呈现为一种集体经验的社会向度,让诸如公众这样的传统范畴复数化乃至指数化。《拱廊街计划》中所提及的19世纪公共空间的多种形式围绕着日常生活的文化与政治语境,被流行文化中的审美经验与情感交流清晰地表达出来。这些特征都被哈贝马斯对文学资产阶级的公共空间的分析所排除,而他的分析高度依赖认知理性的交流。本雅明认为公共空间是一个游戏空间,这一与众不同的观点也透露了在一个政治与流行文化、娱乐产业不可避免地交织在一起的时代,政治参与和社会运动都与政治消费主义和媒介景观之间的动力学紧密联系在一起。

媒介银河中的技术复制

在某些方面,本雅明的媒介批判构成了很多当代媒介理论的基础,就像媒介文化的后现代化一样。已经有人指出,本雅明媒介观中的核心要素与马歇尔·麦克卢汉（Marshall McLuhan，1911—1981）和让·鲍德里亚（Jean Baudrillard，1929—2007）的作品极其相似。然而这些主张倾向于将媒介批判的核心信条过度简单化，并总是无法意识到媒介批判的丰富。通过为他们的作品来进行一次比较分析，将能够说明媒介批判的重要理论含义及其对当代媒介研究的贡献。

据与本雅明同时代的匈牙利著名艺术史家阿诺尔德·豪泽尔（Arnold Hauser，1892—1978）所说，作为理论家，马歇尔·麦克卢汉把本雅明对技术复制的这一影响深远的美学观念引入媒介与流行文化的研究领域并加以普及。从大众传媒的宽泛视角来看，认识到本雅明与麦克卢汉都在阐释媒介在现代生活的实际构成中扮演的核心角色，这样的观点似乎很诱人。当然，任何对两人之间理论亲和力的过度强调都不过是肤浅而次要的。

就像他的著名格言"媒介即讯息"所预设的那样，麦克卢汉让传播媒介的形式而非内容处于重要位置。对于麦克卢汉而言，传播媒介自身有潜力影响一种特定媒介内容被构思的方式，并塑造出由一种特定媒介所统治的文化。当传统的媒介研究仍被根据公共意见与宣传来分析媒介内容所主导时，麦克卢汉却更重视媒介而非信息，或者说形式而非内容。一种媒介可以被视为任何文化与技术的人造物，用以通过打破时空限制来拓展延伸人的感官与肢体。麦克卢汉将可视性的崛起视为现代媒介传播时代的核心特征，他也称这个时代为"古登堡银河"。随着印刷出版的崛起，社会生活从建立在口头沟通上的传统社群，转向了现代的视觉排版文化，而这种文化让理性个人主义与西方民族主义成为可能,就如《想象的共同体》这类历史性研究所说的那样。自从诸如收音机与电视这样的电子媒介驱使着文化进入电子媒介社会开始,传播媒介自身就变成了中枢神经系统,这带领人们进入了"全球村"——这是麦克卢汉的著名描述。从这个方面讲,麦克卢汉关于从口头向视觉的转化及其与拔除传统、建立现代社会之间的联系所做的这些分析,与本雅明关于在公社讲故事传统的衰落,小说中个体与私人经验的崛起以及承载着震惊的视觉感官在大城市中所占的支配性这些描述之间,看起来有非常强的亲和力。

尽管如此,麦克卢汉与本雅明的分析之间也包含了显著的不和谐因素。麦克卢汉对传统向现代社会转型的理解建立在口头与视觉感官的简单二分法上,而这样的二元论无法观察各种重要社会构成的共存,也遮蔽了其他多样模式的感官,比如令人分心的触觉。麦克卢汉仍然将技术视为中性的设备。这样的概念过于狭窄,无力体会技术的社会和政治功能的广阔语境。这也过于笼统地理解了媒介的其他方面,这些方面都是制度化地与扰乱和操纵传播紧密相连。本雅明的技术复制概念深深根植于它的政治与社会性质,而麦克卢汉对媒介的理解则建立在他将技术视为中立和工具的器械之上。就像詹姆斯·凯里(James Carey)注意到的那样,麦克卢汉看起来是一位"技术决定论的诗人",传递着一条信息:"向现代机器的促进作用屈服吧"。相反,本雅明关于"艺术政治化"的论文体现了他的媒介批判意在将媒介政治化,并借此导向一种新的公众。

幻象、拟像与景观

本雅明对媒介的惊人新见解早于媒介研究的后现代转向,后者以让·鲍德里亚的作品为代表。通过阐释"技术复制"的观点,鲍德里亚称赞本雅明是第一位把技术理解为媒介而没有理解为"生产力"或"新一代意义的形式和原则的理论家"。鲍德里亚透露,他的模仿理论深深地吸收了本雅明的复制论和麦克卢汉"媒介即讯息"的观念:"本雅明与麦克卢汉的分析处于复制与模仿的边界,指示性的理性消失了,而生产被晕眩所占据。"他主张,在后现代社会的时代,新的媒介饱和文化占据了"真实"世界的主导地位,取代了建立在工业政治经济学之上的传统社会关系。效法本雅明对艺术作品的展览价值的分析,对政治经济学的使用与交换价值在后现代时代被符号价值所取代,而符号价值将商品重新设定为一种用以消费和展览的"符号"。随着网络空间和新媒介技术的诞生,生产被复制所取代,以拟象为符号,以超真实为真实,介于真实与幻觉、主观与客观之间的传统区别在其中彻底消失。在这一语境下,鲍德里亚认为本雅明对"光晕"消退的分析预知了拟象的理论。对鲍德里亚来说,艺术作品的光晕并不注定消亡。他主张,只要原件还存在本真性的光晕,就同时存在"本真的模仿"与"非本真的模仿"。本雅明所谓光晕消亡的观点对鲍德里亚来说不过是一种"政治上绝望的结论",导致了"忧郁的现代性"。

凭借对拟象的无休止复制,后现代消费社会进入了超真实的世界,简而言之,超真实这一术语指的是一种"假比真还真"的情况。鲍德里亚使用了超真实这一概念形容诸如拉斯维加斯和迪斯尼这样的娱乐场所,强调迪斯尼这种大众文化形式导致美被俗气的矫饰所消费。此外,鲍德里亚的"冷文化"看起来也与本雅明(和克拉考尔)对消遣文化的表述有关。当然,他对超真实所占主导地位的分析看起来回应了本雅明的如下观点:娱乐产业乃是一个完美却也在技术上可复制的真实。

鲍德里亚更进一步把本雅明的幻象观念与景观的观点联系起来,而景观则是由情境主义国际的创始人居伊·德波(Guy Debord,1931—1994)所提出的。这样,鲍德里亚就按照不断自我复制的真实,为真实与幻觉之间的关系提供了一个激进的新定义。幻象、景观与拟象的观点是现代性分析的基本方面,因为这与媒介、商品和政治的复杂交叉有关。在他影响深远的作品《景观社会》(1967)中,德波所定义的景观并非"意象的收集",而是塑造人们社会关系的"媒介化意象"。对德波而言,景观是物质上重构的幻觉,它的产生符合商品的逻辑。在景观社会中,生活的全部被表现为景观的急剧堆积,并变成了纯粹的表象。值得一提的是,德波所谓现代文化的视觉化并未超脱出卢卡奇关于物化、拜物教与异化的表述。同样值得注意的是,通过宣称超现实不再像马克思主义理论的意识形态或商品拜物教所主张的那样,属于错误的意识或表象、梦幻与错觉,鲍德里亚彻底区分了超现实与政治经济动力学、商品拜物教这些概念。与此相对,他宣称超现实象征着一个更进一步的阶段,只要超现实抹除了真实与想象的区别;超现实只属于"真实与自身的幻觉式相似。"

幻象与拟象在两位作者之间的共同基础上划出了一个场域。虽然鲍德里亚的拟象与符号价值这双重概念看起来与本雅明的幻象与展览价值这双重概念之间有紧密的亲和力,它们之间还是有决定性的差异。首先,鲍德里亚隐蔽地区分了资本主义现代性与后现代性,而本雅明对现代性的观点则依赖于新与旧、过去与现在、连续性与非连续性时间之间的辩证关系,这被他概括为"当下"(Jetztzeit)。其次,借助政治经济学,鲍德里亚错误地宣称生产关系的终结,这样他的拟象概念就捕捉到了这个复杂社会维度的一部分。出于同样的原因,鲍德里亚错误地宣称我们正在见证透视空间与全景空间的终结与景观的废除。相反,本雅明对幻象的分析需要全景的规训维度与娱乐维度共存,透露出多种社会控制机制之间复杂的相互作用。娱乐产业的各个方面都无法离开资本主义现代性的巨大逻辑,也不必被贬低为意识形态或商品拜物教。鲍德里亚的理论无力深入地分析了除了规训与娱乐之外,当代的先进媒介功能是如何以多种方式重塑感官的。最后,如果鲍德里亚将他自己界定为一个"行动的虚无主义者",那么他的后现代理论看起来则有点"消极虚无主义"的味道,因为他无法看到一个集体主体可能在拟象的范围内被重塑,无论是现代的还是后现代的集体主体。至于新主体的形成,鲍德里亚关于"惰性大众"的提法看起来更像一个集体闲逛者。当然,在他看来,人类主体是一个被塞进传播的消极主体,既缺乏自主性,也缺乏反思能力和批判性判断力,而这个主题被沃卓斯基兄弟(Wachowski brothers)所导演的科幻电影《黑客帝国》(1999)所使用。在此,鲍德里亚的拟象理论与霍克海默和阿多诺的文化工业理论分享了同一个观点:现代大众的消极与惰性。不同于鲍德里亚,本雅明对娱乐产业的分析致力于发现听众、观众与消费者的幻象经验是如何创造出形成新集体主体的动力学的。与鲍德里亚对超真实文化中主体的笼统观点相反,本雅明分析了一种新的大众公共性是如何在一种新的媒介公共空间中崛起的,这引领我们理解诸如"融合文化"这样的当代电子文化的核心方面与媒介受众的多种形式(比如粉丝、博客、玩家、社交媒体用户等等)。就其在现代性幻象中寻找媒介的解放潜力而言,本雅明的媒介批判与后现代的媒介理论有本质上的不同。

今日的媒介批判

我试图展现本雅明的媒介批判为理解媒介的发展及其对现代社会的冲击所做出的诸多理论贡献。本雅明的媒介批判怎样与我们产生关系?又为什么与我们有关?我觉得有以下四个方面需要考虑。

1.本雅明的媒介批判之所以重要,是因为其提供了对新媒介技术彻底转型与发展的理论讨论。他认为,这些技术创新对理解现代人类交流是基础性的。因此,本雅明提出了如下问题:新传播技术如何塑造交流的现代形式?产生了哪些新的可能性与约束?听众、观众与批评家又是如何经历着这一切？

2.人类的媒介经验问题与媒介自身如何改变经验对本雅明来说是根本问题。新媒介塑造着人类的感知能力，并支撑着具身经验的新形式。那么，媒介就不仅限于视觉、口头或文学形式，而是重塑了整个人体与我们的感觉器官。换言之，媒介的技术转型、身体的转变及其与时空的关系都是紧密交叉在一起的。新的媒介产生了新的知觉可能性、新的身体与新的主体性。

3.这些可能性总是与政治相关。新的媒介不仅产生了身体空间和身体图像，也产生了公共与私人空间的新构造。媒介创造了新的辩论场所和领域。媒介改变了当权者与无权者、政府与其选举人乃至独裁者与大众之间的交流角色。权力以新的方式变得可见。元首（Führer）的声音被送入了国内的私人设备中。政治被审美化为景观。媒介总是可以用来服务于统治的利益、非理性主义、威权主义和法西斯主义。本雅明通过追问美学的政治化来回应这一危险。这意味着，在这些新的文化环境与新技术革新的背景下，那些用以适应绘画、戏剧表演、音乐会、艺术品等象征着品味的传统美学范畴，都被改变了。艺术的特定群体起源被颠倒了，政治的新基础走上前台。美学问题变成了政治问题，而在本雅明论艺术品的文章结尾，这一美学的政治化平衡着政治的审美化。

4.最后一点，本雅明准确地意识到，新的媒介科技是危险与可能并存，威胁与应许同在的。媒介批判在我们今日的世界中找到了合适的位置。调查21世纪早期全球媒介交流的急剧改变下的媒介景观，这是一个以传播、设备、技术、科技与可能性的繁荣为标志的世界，我们每时每刻都在商品服务中面对着文化景观。而在这个世界中，政治统治与资本主义经济剥削密切相关。本雅明帮助我们看到这一点，但这并非全部。他也为我们提供了可靠的建议，提醒我们希望也同样被包含于这些新科技之中。这些希望让我们借助打开视觉的潜意识来探索我们的世界并栖居于此，不再以屈服于光晕和神秘主义的方式凝视世界，而是以摄像机那全新而清晰的义肢能力去端详世界，在这个受到遗忘与野蛮所威胁的时代，这样能增加记忆的可能性。

本雅明的媒介批判所关注的新政治问题是由大众传播、传统美学的革命潜力与法西斯主义宣传之间的张力与冲突。因此，本雅明的媒介批判的着眼点并不仅仅是理论主题，而是一个紧迫的政治使命——指明政治方向、政治可能性与新媒介的危险。本雅明的媒介批判不仅是一种理论，也是一种实践，根据当代媒介景观的条件持续地进行重塑。它提出一种传播实践与政治干预的新路径，对不停改变的传播媒介保持好奇并"介入其中"。本雅明的媒介批判帮助我们更清晰地观察自己的世界，看穿意识形态与权力的欺骗，促进我们利用媒介的新的可能性和新的潜力，去认识一个新的人类。本雅明提醒我们：

> 只要还有一个乞丐，就还会有神话。[AP (K6,4)，400]

拓展阅读

CHAPTER 1

Bloch, Ernst 1991: 'Recollections of Walter Benjamin', in Gary Smith (ed.), *On Walter Benjamin: Critical Essays and Recollections*. Cambridge, MA: MIT Press, pp. 338-345.

Brodersen, Momme 1996: *Walter Benjamin: A Biography*. London: Verso.

Fittko, Lisa 1991: 'Old Benjamin', in Lisa Fittko, *Escape through the Pyrenees*. Evanston, IL: Northwestern University Press, pp. 103-115.

Gilloch, Graeme 2002: *Walter Benjamin: Critical Constellations*. Cambridge: Polity.

Habermas, Jürgen 1991: 'Walter Benjamin: Consciousness-Raising or Rescuing Critique (1972)', in Gary Smith (ed.), *On Walter Benjamin: Critical Essays and Recollections*. Cambridge, MA: MIT Press, pp. 90-128.

Kracauer, Siegfried 1995: 'On the Writings of Walter Benjamin', in Siegfried Kracauer, *The Mass Ornament:*

Weimar Essays. Cambridge, MA: Harvard University Press, pp. 259-264.

Leslie, Esther 1997: 'The Multiple Identities of Walter Benjamin', *New Left Review* 226 (November-December), pp. 128-135.

Lowenthal, Leo 1983: 'The Integrity of the Intellectual: In Memory of Walter Benjamin', in Gary Smith (ed.), *Benjamin: Philosophy, Aesthetics, History*. Chicago, IL: University of Chicago Press.

Missac, Pierre 1995: *Walter Benjamin's Passages*. Cambridge, MA: MIT Press.

Parini, Jay 1998: *Benjamin's Crossing*. London: Anchor.

CHAPTER 2

Carey, James 1986: 'Walter Benjamin, Marshall McLuhan and the Emergence of Visual Society', *Prospects* 11, pp. 29-38.

Eisenstein, Elizabeth 1968: 'Some Conjectures about the Impact of Printing on Western Society and Thought: A Preliminary Report', *Journal of Modern History* 40: 1, pp. 1-56.

Febvre, Lucien and Henri-Jean Martin 1976: *The Coming of the Book: The Impact of Printing* 1450-1800. London: Verso.

Hayles, N. Katherine 2008: *Electronic Literature: New Horizons for the Literary*. Notre Dame, IN: University of Notre Dame Press.

Jay, Martin 1993: 'Experience without a Subject: Benjaminand the Novel', *New Formations* 20, pp. 145-156.

Lash, Scott 1999: 'The Symbolic in Fragments: Walter Benjamin's Talking Things', in *Another Modernity: A Different Rationality*. Oxford: Blackwell, pp. 312-338.

Lash, Scott 2002: *Critique of Information*. London: Sage.

McLuhan, Marshall 1962: *The Gutenberg Galaxy: The Making of Typographic Man*. Toronto: University of Toronto Press.

Ong, Walter 1982: *Orality and Literacy*. London: Routledge.

Poster, Mark 1990: *The Mode of Information: Poststructuralism and Social Context*. Cambridge: Polity Press.

Rheingold, Howard 2012: *Net Smart: How to Thrive Online*. Cambridge, MA: MIT Press.

Taussig, Michael 1993: *Mimesis and Alterity: A Particular History of the Senses*. New York: Routledge.

Thompson, John B. 1995: 'The Media and the Development of Modern Societies', in *The Media and Modernity: A Social Theory of the Media*. Cambridge:

Polity, pp. 44-80.
- Thompson, John B. 2005: *Books in the Digital Age: The Transformation of Academic and Higher Education Publishing in Britain and the United States*. Cambridge: Polity.
Virilio, Paul 2000: *The Information Bomb*. London: Verso.

CHAPTER 3

Arnheim, Rudolf. 1936: *Radio*. Trans. Margaret Ludwig and Herbert Read. London: Faber and Faber.

Bergmeier, Horst J.P. and Rainer E. Lotz 1997: *Hitler's Airwaves: The Inside Story of Nazi Radio Broadcasting and Propaganda Swing*. New Haven, CT: Yale University Press.

Brecht, Bertolt 1974: *Brecht on Theatre: The Development of an Aesthetic*. London: Methuen Drama.

Crisell, Andrew 2005: *More than a Music Box: Radio Cultures and Communities in a Multi-Media World*. Oxford: Berghahn Books.

Doderer, Klaus 1996: 'Walter Benjamin and Children's Literature', in Gerhard Fischer (ed.), *'With the Sharpened Axe of Reason': Approaches to Walter Benjamin*. Oxford: Berg, pp. 169-175.

Kittler, Friedrich A. 1999: *Gramophone, Film, Typewriter*. Stanford, CA: Stanford University Press.

Kris, Ernst and HansSpeier (eds) 1944: *German Radio Propaganda: Report on Home Broadcasts during the War*. London: Oxford University Press.

Lazarsfeld, Paul F. 1940: *Radio and the Printed Page*. New York: Arno Press.

Lazarsfeld, Paul F. and Frank N. Stanton (eds) 1941: *Radio Research* 1941. New York: Duell, Sloan, and Pearce.

Mueller, Roswitha 1989: *Bertolt Brecht and the Theory of Media*. Lincoln, NE: University of Nebraska Press.

Nancy, Jean-Luc 2008: *Listen: A History of Our Ears*. New York: Fordham University Press.

Scannell, Paddy 1996: *Radio, Television and Modern Life*. Oxford: Blackwell.

Wizisla, Erdmut 2012: *Walter Benjamin and Bertolt Brecht: The Story of a Friendship*. New Haven, CT: Yale University Press. Wohlfarth, Irving 1994: 'No-Man's-Land: On Walter Benjamin's "Destructive Character"', in Andres Benjamin and Peter Osborne (eds), *Walter Benjamin's Philosophy*. London: Routledge.

Zipes, Jack 1988: 'Walter Benjamin, Children's Literature and the Children's Public Sphere', *The Germanic Review* LXIII (Winter), pp. 2-5.

CHAPTER 4

Barthes, Roland 1993: *Camera Lucida*: *Reflections on Photography*. London: Vintage.

Cadava, Eduardo 1997: *Words of Light*: *Theses on the Photography of History*. Princeton, NJ: Princeton University Press.

Crary, Jonathan 1990: *Techniques of the Observer*. Cambridge, MA: MIT Press.

Hansen, Miriam B. 1987: 'Benjamin, Cinema and Experience: "The Blue Flower in the Landof Technology"', *New German Critique* 40 (Winter), pp. 179-223.

Hansen, Miriam B. 2008: 'Benjamin's Aura', *Critical Inquiry* 34 (Winter), pp. 336-375.

Isenberg, Noah 2001: 'The Work of Walter Benjamin in the Age of Information', *New German Critique* 83 (Summer), pp. 119-150.

Jay, Martin 1993: *Downcast Eyes*: *The Denigration of Vision in Twentieth-Century French Thought*. Berkeley, CA: University of California Press.

Kaufman, Robert 2002: 'Aura, Still', *October* 99 (Winter), pp.45-80.

Rancière, Jacques 2009: *The Emancipated Spectator*. London: Verso.

Rodríguez-Ferrándiz, Raúl 2012: 'Benjamin, BitTorrent, Bootlegs: Auratic Piracy Cultures?' *International*

Journal of Communication 6, pp. 396-412.

Sontag, Susan 1977. *On Photography*. London: Penguin.

CHAPTER 5

Benjamin, Andrew and Charles Rice (eds) 2009: *Walter Benjamin and the Architecture of Modernity*. Melbourne: re.press.

Buck-Morss, Susan 1989: *Dialectics of Seeing: Walter Benjamin and the Arcades Project*. Cambridge, MA: MIT Press.

Buck-Morss, Susan 2000: *Dream World and Catastrophe: The Passing of Mass Utopia in East and West*. Cambridge, MA: MIT Press.

Friedberg, Anne 2006: *The Virtual Window: From Alberti to Microsoft*. Cambridge, MA: MIT Press.

Frisby, David 1985: *Fragments of Modernity: Theories of Modernity in the Work of Simmel, Kracauer and Benjamin*. Cambridge: Polity.

Frisby, David 2001: *Cityscapes of Modernity*. Cambridge: Polity.

Gilloch, Graeme 1996: *Myth and Metropolis: Walter Benjamin and the City*. Cambridge: Polity.

Harvey, David 2003: *Paris, Capital of Modernity*. London: Routledge.

Leslie, Esther 2002: *Hollywood Flatlands: Animation,*

Critical Theory and the Avant-Garde. London: Verso.

McLaughlin, Kevin and Philip Rosen (eds) 2003: Special Issue: Benjamin Now: Critical Encounter with The Arcades Project, *boundary2* 30: 1 (Spring).

McQuire, Scott 2008: *The Media City: Media, Architecture and Urban Space*. London: Sage.

Patt, Lise (ed.) 2001: *Benjamin's Blind Spot: Walter Benjamin and the Premature Death of Aura*. Topanga, CA: The Institute of Cultural Inquiry.

Wark, McKenzie 2013: *The Spectacle of Disintegration: Situationist Passage out of the Twentieth Century*. London: Verso.

索 引

（索引页码均为英文原著页码，即本书边码）

A

Adorno, T.W. 阿多诺, 17-18, 19, 31-32, 40, 66, 126, 152, 163, 199-200, 203, 211-212

　advertising 广告, 42-43, 182, 183, 184, 185

　aesthetic politics 审美政治, 129, 131, 132, 134-135, 136, 145-146, 147

　aesthetics 美学/审美, 15, 19, 20, 59, 98, 106

　　experiences 美学经验, 20-21, 113, 122, 130

　　practices 审美实践, 100, 195, 202

　　quality 审美品质, 59

　agitprop movement 宣传运动, 92

　alienation effect 异化效果, 90, 91

　architecture 建筑, 104, 105, 128, 171, 175, 176

　Aristotle 亚里士多德, 32, 89

　art 艺术, 15, 20, 33, 47, 59, 86, 103, 151

　　approach to 艺术方法, 105-106, 131

　　and culture 艺术与文化, 12, 18, 163

high　高雅艺术，13，66，67，100，126

history　艺术史，20，103，132，158

and literature　艺术与文学，31，57，59

and media　艺术与媒介，64

as photography　作为摄影的艺术，107-111

and politics　艺术与政治，22，56，67，130-131，148，208

and propaganda　艺术与宣传，143

replacement of　艺术的替代，127-128

works of　艺术品，60，104，106，107，114，115，123

Atget，Eugène　欧仁·阿杰，109-110，112，114

audiences　观众/听众，15，68，76，80，82，83-84，89，103-104，176

as participants　作为参与者的观众，73-74，81

sociology of　听众的社会学，72-73

aura　光晕，22，28，45，127，147

decline of　光晕的消逝，111-114，116，136，169，209

avant-garde　先锋，15，19，25，56，66，128，141，142，160，174

and architecture　前卫建筑，104

movements　先锋运动，20，131-132，199

B

Baudelaire，Charles　夏尔·波德莱尔，25，46，47，

48，154，183，189，191，194，196

Baudrillard, Jean 让·鲍德里亚,206，208，209，210-211，212

Beckett, Samuel 萨缪尔·贝克特,31

Benjamin, Walter 瓦尔特·本雅明
 life 生平
  as detainee 作为流亡者,13
  suicide 自杀,1
  metaphysical themes 形而上学主题,7
 professional life 职业生涯
  academic career 学者生涯,8，9-10，16
  journalist 记者,10，11，13
  and radio broadcasting 与无线电广播,13-14
 travel 旅行
  Franco-Spanish border 法国和西班牙边境,1
  Moscow 莫斯科,67，91-92
  University of Freiburg 弗莱堡大学,7
 works 作品,2-3，5
  The Arcades Project 《拱廊街计划》,3-4，22，152，156，161-162，169
   and entertainment industry 与娱乐产业,127-128，169
   and history 与历史,158，161，163
   media culture 媒介文化,170
   media city 媒介之城,150
   media critique 媒介批判,153，158

modern technology 现代技术,180

phantasmagoria 幻象,153-154,162,168,170,174,185,191

and Proust 与普鲁斯特,34; public space 公共空间,198-199; and world exhibition 与世界博览会,151,179

'The Author as Producer'《作为生产者的作者》,4-5,59

'Baudelaire, or the Streets of Paris'《波德莱尔,或巴黎的街道》,189

'Berlin Childhood around 1900'《1900年前后的柏林童年》,177

'Berlin Chronicle'《柏林纪事》,77; bodily collective《身体集体》,129

'Bert Brecht'(radio talk)《布莱希特》(广播节目),88

'The City of Berlin'《柏林城》,77

'Communist Pedagogy'《共产主义教学法》,95

'The Concept of Criticism In German Romanticism'《德国浪漫主义的批评概念》,53-54

'The Crisis of the Novel'《小说的危机》,35

'Doctrine of the Similar'《相似性学说》,32

'Eduard Fuchs, Collector and Historian'《爱德华·福克斯——收藏家与历史学家》,196

'Educational Reform: A Cultural Movement'《教育改革——一场文化运动》,7

'Goethe's Elective Affinities' 《论歌德的〈亲合力〉》,159

'Hitler's Diminished Masculinity' 《希特勒稀缺的男子气概》,141

'Karl Kraus' 《论卡尔·克劳斯》,50-52

'Left-Wing Melancholy' 《左翼的忧郁》,55

'The Letter from Paris' 《巴黎来信》,5

'Little History of Photography' 《摄影小史》,107-108,112

'News about Flowers' 《有关花的新闻》,109

'The Newspaper' 《报纸》,57

'On Language as Such and on the Language of Man' 《论语言与人类语言》,29-30

'The Lisbon Earthquake' 《里斯本地震》,84

'On the Concept of History' 《论历史的概念》,156

'On the Mimetic Faculty' 《论模仿能力》,32

One-Way Street 《单行道》,10,25,52,155,178,186,194

The Origin of German Mourning Drama 《德意志悲苦剧的起源》,9-10,159,184

'Paris, the Capital of the Nineteenth Century' 《巴黎——19世纪的首都》,169

'The Paris of the Second Empire in Baudelaire' 《波德莱尔笔下第二帝国的巴黎》,17,44

'The Present Social Situation of the French Writer'《法国作家当下的社会处境》,105

'Program for a Proletarian Children's Theatre'《无产阶级儿童剧节目》,92

'Reflections on Radio'《对无线电的反思》,72

'The Storyteller：Observations on the Works of Nikolai Leskov'《讲故事的人——对列斯托夫作品的观察》,28

'Surrealism：the Last Snapshot of the European Intelligentsia'《超现实主义——欧洲知识界的最后快照》,194

'The Task of the Translator'《译者的任务》,152

'Theatre and Radio：the Manual Control of their Educational Program'《剧院与无线电广播——教育计划的相互控制》,86

'Theories of German Fascism'《德国法西斯理论》,130,131,133

'Theory of Distraction'《分心论》,102

'Unpacking my Library：A Talk about Book Collecting'《打开我的图书馆——谈书籍收藏》,85

'What is the Epic Theatre?'《史诗剧是什么?》,89

'The Work of Art in the Age of Its Technological Reproducibility'《技术复制时代的艺术作

品》,3,4,17,22,101,102,107,112-113,114-115,116,122,130-131,132,135,138,149,166,169,183,187,196,213

'Young Russian Writers' 《俄国青年作家》,67

Bergson, Henry 亨利·柏格森,33

Berlin 柏林,14,125

Berlin Free Students' Association (FSA) 柏林自由学生联盟,7

Berliner Rundfunk (Berlin Radio) 柏林广播电台,67

Bern, University of 伯尔尼大学,9

blogging 播客,58

Blossfeldt, Karl 卡尔·布劳斯菲尔德,108-109,118

bodily collective 身体集体,128-129,197-198

books 书籍,34,35,45,99

Bourdieu, Pierre 布迪厄,108

bourgeois literary criticism/culture 资产阶级文学批评/文化,20,22,41,55,57,97,107,194

bourgeois public spheres 资产阶级公共领域,41-42,45,69,128,130,147,195,196,198,199,204-205

Brecht, Bertolt 贝尔特·布莱希特,12,13,15,59,66,69,87,90,91,160,199

Building in France (Giedion) 《法国建筑》(吉迪翁),104

C

café 咖啡馆, 4-5, 39, 41, 42, 43
   role of 咖啡馆的角色, 42

Caillois, Roger 罗杰·卡约尔, 93-94

camera 摄影机, 115, 121, 139-140, 214

capitalism 资本主义, 38, 141, 146, 167, 184, 203
   high 发达资本主义, 145-146, 151, 153, 180, 183-184, 186

capitalist culture 资本主义文化, 37, 180, 181-182

capitalist modernity 资本主义现代性, 2, 3, 10-11, 21, 22, 101

Chaplin, Charlie 查理·卓别林, 94, 141-142

children 儿童, 95-96
   and Benjamin 儿童与本雅明, 77-78, 79, 93
   experiences 儿童的经验, 76-77
   play 儿童玩游戏, 94-97
   radio 儿童电台, 77
   and space 儿童与空间, 92-93
   theatre 儿童剧, 87, 91-92, 93, 98
   toys 儿童玩具, 97

cinema 电影, 128-129, 140, 175, 193
   audience 观众, 126
   reception 接收, 123
   studies 电影研究, 101, 103-104
   technologies 电影技术, 117

city 城市, 79, 121-122, 154, 173, 194

phenomenology of 城市现象,18

civilization 文明,26,58,93,120

class struggle 阶级斗争,19

collective audiences 集体听众,35,85

collective experience 集体经验,19,29,37,72,128,139,145,165,205

collectors 收藏家,196-197

colour 颜色,95

commodities 商品,181,182,184,188

    culture 商品文化,7,62-63,111,152,167,189,197

communication 传播,27,29-30,54,70

    and Benjamin 与本雅明,91,202

    bourgeois forms of 资产阶级传播形式,25

    crisis of 传播的危机,22,25,31

    and human sensory apparatus 传播与人类感官,27-28

    narrative forms of 传播的叙述形式,97-98

    and radio 传播与无线电广播,68

    studies 传播研究,39

communication technology 传播技术,37,60,89,135,137,140,204

    adaptation of 适应传播技术,55

    capitalist modernity 资本主义现代性,22

    and culture 与文化,58

    and democracy 与民主,148-149

and fascism　与法西斯主义, 147
human experience　人类经验, 21
communication technology (*cont.*)　传播技术
new　新传播技术　86, 108
and photography　传播技术与摄影, 108
and politics　传播技术与政治, 129
re-function　重组传播技术, 61, 64
urban space　传播技术（与）都市空间, 23
communism　共产主义, 131
construction (iron and glass)　（铸铁和玻璃）结构, 171-172
conversation　保护, 84, 85
correspondent　通讯员, 11
criticism　批评, 53
alternative form of　批评的替代形式, 15
early Romantic theory　早期浪漫主义理论的批评, 9
cult value　崇拜价值, 114-115, 138-139
culture　文化, 101, 203
consumer　消费者文化, 146
criticism of　文化批评, 40
industry　文化产业, 203-204
of letter　文学文化, 198-199
mass　大众文化, 38
modern　现代文化, 36-37, 210

D

Daguerre, Louis Jacques 路易·雅克·达盖尔,175

Daumier, Honoré 奥诺雷·杜米埃,48,49

Debord, Guy 居伊·德波,210

deliberative democracy 协商民主,136-137,149

democracy 民主,204-205

department stores 百货商店,47,147,191

dialectical image 辩证意象,90,119,154,156,157,160,162,163,185,199-200

didactic plays 教学剧,91

digital technology 数码技术,21,98-99,113-114,188

Dilthey, Wilhelm 威廉·狄尔泰,27

disciplinary education 规训教育,95,97

distraction 分心,127,197-198

collective tactile 集体触觉,196

Döblin, Alfred 阿尔弗雷德·德布林,34,35,60,75

education 教育,8,81-82,87,91,93

education systems 教育系统,6,7-8,14

Eisenstein, Sergei 谢尔盖·爱森斯坦,92,160

electronic media 电子媒介,62,89

Enlightenment 启蒙运动,15,31-32,40,70,81-82,87,91,166,195,200,203

entertainment industry 娱乐产业,43,64,129,

136，150，152，179
  and *The Arcades Project*　与《拱廊街计划》,128，168，169，176，177
  architectural technology　建筑技术,169，175
  cinematic space　影视空间,128
  Hollywood　好莱坞,116-117，203
  modern　现代,44，180
  phantasmagoria　幻象,165，181，211-212
  and political communication　与政治传播,139，146，206
epic theatre　史诗剧,19，61，86，87，88-89，90-91，132，199
  and 'astonishment'　与"惊奇",89
  interrupted actions　中断行动,89-90
epistemology　认识论,20，119，154，155，160，162，165，198-199，204
Erfahrung　经验,27
Erlebnis　体验,27
essay form　散文形式,80
European humanism　欧洲人文主义,63
everyday life　日常生活,18，158，165
exhibition value　展览价值,114，115，116，138-139，146，197，209
experience　经验,26-27，130，135，213
  crisis　经验的危机,32
  metaphysical nature of　经验的形而上学本质,30

  modern　现代经验,134-135

  private　私人经验,36

F

 fascism　法西斯主义,135,196,213

  and aestheticism　与唯美主义,145

  and communication technology　与传播技术,147

  German　德国法西斯主义,130,131,132,133

  parliamentary democracy to　议会民主,67-68

  and private property　与私人财产,145

  rise of　法西斯的崛起,71,136,137

 fetishism　拜物教,36,108,162,166-167,181

  commodity　商品拜物教,210

 feuilleton　专栏,3,42,44,45,62,75

 film　电影,13-14,89,90,100,101,117-118,128,197-198,211,230

  and audience　与观众,123-124

  camera　摄影机,18,117-118

  documentary　纪录片,151

  experience　电影经验,122-123

  fantasy　幻想电影,185

  frames　银屏,124

  Russian　俄罗斯电影,160-161

  surrealist　超现实主义电影,185

  technology　电影技术,141

  theory　电影理论,20

film-watching 观看电影,123

fine arts 美术,20,101,108,128

First World War 第一次世界大战,6,26

flâneur/ flâneurie 闲逛/闲逛者,46-47,49,147,189,192,194,197,211

 journalist 记者,49,62-63

Foucault, Michel 米歇尔·福柯,178-179

Fourier, Charles 夏尔·傅立叶,171-173,180

 and utopia 与乌托邦,173-174

Frankfurt radio station 法兰克福电台,85

Frankfurt School 法兰克福学派,31,199,202,203

Frankfurter Zeitung（newspaper）《法兰克福报》,50,55

French Revolution 法国大革命,42

Fuchs, Eduard 爱德华·福克斯,196

G

gender 性别,191

German Baroque Trauerspiel（mourning drama）德意志巴洛克悲苦剧,9

German radio broadcasting 德国无线电广播,70-71

German theatre, post-medieval 中世纪之后的德国戏剧,9

German Youth Movement 德国青年运动,76

Germany 德国,76,92,129,178

 see also Hitler, Adolf 阿道夫·希特勒

Gesamtkunstwerk 总体艺术品,88,89,132

Gide, André 安德烈·纪德,11-12

Giedion, Siegfried 齐格弗里德·基提恩,104

Gilloch, Graeme 237,243

Grandville, J.J. (pseudonym of Jean Ignace Isidore Gérard) 格兰维尔(Jean Ignace Isidore Gérard 的笔名),182-183,184,185

grass-roots movements 草根运动,148

The Great Dictator (film) 《大独裁者》(电影),141

Great War 大战,6-7,26-27

Gutenberg Galaxy 古登堡银河,35,207

Guys, Constantin 康斯坦丁·吉,48,49

H

Habermas, Jürgen 尤尔根·哈贝马斯,41-42,199,204-205

haptic experiences 触觉经验,120-121

Haussmann, Baron Georges-Eugène 乔治-欧仁·奥斯曼男爵,192

Hegel, G.W.F. 黑格尔,44,156

Herodotus 修昔底德,76

Hessel, Franz 弗朗茨·黑塞,56

historical materialism 历史唯物主义,155-156,157,158-159

Hitler, Adolf 阿道夫·希特勒,65,66,138,141,

142-143

Horkheimer, Max 马克斯·霍克海默,100,199,200,203,211-212

Huizinga, Johan 赫伊津哈,93-94

human emancipation 人类解放,3

human sensorium 人类感官,124-125,147-148,202

humanism 人文主义,105,196

Humboldt, Wilhelm von 威廉·冯·洪堡,30

hyperreality 超现实,209,212

I

idealism 观念论,17

ideology 意识形态,59,61,63,91,133,145,166,188,199,210,214-215

   criticism 意识形态批判,200,203-204

illustrations 插图,182-184,185

imitation 模仿,32

Imperial Panorama 帝国全景图,177-178,179

industrial capitalism 工业资本主义,35-36

information 信息,57,64

   as commodity 作为商品,49,136

   impact on literary practice 对文学实践的影响,26

   industry 信息产业,22,37-38,40-41,43-44,50,62,63,64,155

   journalist 记者,46-47

   momentary nature of 信息的时效性,41

　　　　in public sphere　公共领域内,42,43
　　　　rise of　信息的崛起,39-40
　Institue of Social Research　社会研究所,17
　intellectuals　知识分子,60,63,64,66
　　　　and ideology　与意识形态,61
　　　　and media technologies　与媒介技术,60-61
　　　　as polytechnic engineer　作为技术工程师,61
　　　　right-wing　右翼知识分子,137
　Internet　网络,64,98
　　　　literature　文学,58
　Internet-mediated communication　网络媒介传播,63
　involuntary memory　非自愿记忆,33-34
　　The Jazz Singer（motion picture）　《爵士歌手》,117

J

　journalism　新闻业,47,53,54
　　　　Soviet　苏联,58
　　　　Viennese　维也纳,50-51
　journalists　记者,49-50,53
　Judaism　犹太的,17,19
　Jugendstil　青年风,187
　Jünger, Ernst　恩斯特·荣格,132

K

　Kafka, Franz　弗朗茨·卡夫卡,80
　Kant, Immanuel　康德,27

knowledge　知识,39-40,63,70,200

Kracauer, Siegfried　齐格弗里德·克拉考尔,16,18,19,123,125,126,143-144,158

Kraus, Karl　卡尔·克劳斯,50,51,52-53,57,160

Krise und Kritik (journal)　《危机与批判》(期刊),12-13

L

language　语言,29-30,34,40,52-53,54
　　corruption　语言的腐化,54
　　instrumental use of　工具式应用,30
　　and journalism　与新闻业,50
　　perception　感知,30
　　perfection of　完美语言,17
　　philosophy　语言哲学,30
　　real　真语言,34-35
　　theory of　语言理论,50

left-wing publications　左翼出版物,55-56

left-wing radicals　左翼激进分子,55-56

liberal democracy　自由民主,52,130,131,146

listeners　听众,28,29,33,68,69,72,74,83,84
　　radio　无线电听众,82-83,84

literary　文学
　　criticism　文学批评,10,85,155
　　culture　文学文化,101
　　montage　文学蒙太奇,153,160

literary field　文学领域
　　collapse of　文学领域的崩溃,41
　　meltdown of　文学领域的消融,58-59
literature　文学,20,102-103,128
　　Benjamin on　本雅明论文学,45,56-57,80
　　bourgeois　资产阶级文学,25
　　crisis　文学的危机,24-25
　　Lukács, Georg　乔治·卢卡奇,36-38,162,166-167,203,210
　　lyric poetry　抒情诗,25

M

magic　魔法,79-80
man of letters　文人,46-47
Mann, Thomas　托马斯·曼,75
Marcuse, Herbert　赫伯特·马尔库塞,31-32
Marx, Karl　卡尔·马克思,3,114,166-167,180
Marxism　马克思主义,19,36,154,172,210
　　art and literature　文学艺术,59,162-163,165-166
　　commodity　商品,162,166
　　education　教育,95
Marxist dialectics　马克思主义辩证法,17
mass communication　大众传播,13,19-20
mass culture　大众文化,116-117,125,126-127
mass media　大众传媒,2,5,12,14,18,24,26,

38，40，41，60，127，130，138，148，203
 intellectual practice　知识实践，54-59
 radio　无线电广播，71
masses　大众，139-140，144-145
 formation of　大众的形成，145
 proletarian movements　无产阶级运动，140-141
 and self-communication　自我交流，145
materialism　唯物主义，17，154-155
materialist anthropology　唯物主义人类学，21
McLuhan, Marshall　马歇尔·麦克卢汉，35，206-208
media　媒介，202，208，213
 culture　媒介文化，127，170，206，212
 and democracy　媒介与民主，129，204
 and experience　媒介与经验，19-20，126
 and politics　媒介与政治，117
 spectacle　媒介景观，148，168，170，198，200-201，206
media city　媒介之城，22，150
media critic　媒介批评，5，14，15
 tactility of　触觉，193-194
media critique　媒介批判，188，200，203，212，214
 The Arcades Project　《拱廊街计划》，153，158
 and Benjamin　与本雅明，20-21，21-22，23，130，202，204，206，208，212
 bodily collective　身体集体，129，198-199
 and culture　与文化，154

and history 与历史,157-158
　media practice/practitioner 媒介实践/实践者,13,14,161
　　and tactility 与触觉,197
　media studies 媒介研究,23,199,203
　media technology 媒介技术,20-21
　media theorists/theory 媒介理论家/理论,15,21,35,202
　Méliès, Georges 乔治·梅里奇,185
　memory 记忆,29
　　degeneration of 记忆的退化,33
　　Proust on 普鲁斯特论记忆,33
　messianism 弥赛亚主义,19
　metropolitan cityscape 大都市的城市景观,22
　metropolitan life 大都市的生活,10,47-48
　metropolitanism 都市主义,19
　middle class 中产阶级,35
　mimesis 模仿,29,31-32,204
　　decline of 模仿的萎缩,31-32,33
　mimetic faculty 模仿能力,31-32,76,77,117,128,141,193,196,197,198
　　children's behaviour 儿童的行为,95
　　role of play 游戏的角色,94
　modern society 现代社会,26
　modernism 现代主义,19
　　aesthetic 现代美学,154

modernity 现代性,79-80,129,152,154,161,163-164,165,193,198-199,210-211,212

Moholy-Nagy, László 拉兹洛·莫霍利-纳吉,106

montage 蒙太奇,88,90,158-159,161

movie cameras 电影摄影机,118

music 音乐,69

myth and urban experience 神话与都市经验,56

mythology 神话学,79-80

N

National Socialism 纳粹,54-55,71

nature 性质,31-32,172

and perception 感知,31,32

Nazi era 纳粹时期,132,146

Nazi Germany 纳粹德国,150

new media 新媒介,88-89,106,116,121,129,212,213,214-215,219

newspapers 报纸,1,3,11,45,55,57-58,59

and advertising 与广告,42

and Benjamin 与本雅明,13,60,64,81,159-160

daily 日报,24,48-49,79

and fiction 与小说,44

industry 报业,42,43

and information 与信息,43

as instrument of power 作为权力工具,51

liberal views 自由主义观点,40

luxury item 奢侈品,42

and printing technology 与印刷技术,107

readers 报纸读者,48-49,57,115

subscriptions 订阅报纸,42-43,186

Viennese 维也纳报纸,51

novel 小说,24-25,30-31,34,35-36,44,72,75,207

Lukács on 卢卡奇论小说,36-37

and middle class 中产阶级,38

model 模型,186

and newspapers 与报纸,40

serialization 小说连载,62

and storytelling 与讲故事,35

time in 小说中的时间,84-85

novelist, death of 小说家的死亡,45

Now-Time 当下,156

O

object and subject 主客体,31

Olympic Games 奥运会,180,181

optical unconscious 视觉无意识,117,118,120,121,141-142,214

oral culture 口头文化,28

primal 原始口头文化,31,32

P

painting 绘画,100,108,109,110,114,119,123,124,175,176

panopticon 圆形监狱,178,179

panoramas 全景图,175-176,177,178,179

Paris 巴黎,14,47,110,114,192

nineteenth-century 19世纪,162

Paris arcades 巴黎的拱廊街,11,152-153,170-171,172-173,176,186,189-190

Paris Commune 巴黎公社,192-193,194

Paris World Exhibition（1937） 巴黎世博会（1937年）,150

Parisian café life 巴黎的咖啡生活,41-42

parliament 议会,137

parliamentary democracy 议会民主,136,138,147

pedagogy 教学法,19

    alternative model of 教学法的替代模型,92

    and children 教学法与儿童,76-77

    didactic 说教的教学法,86

    media 媒介教学法,68,85,87,90,91-92,94-95,98

    and radio 教学法与无线电广播,70

perception 感知,118,121

    reconfiguration of human 人类感知的重新配置,21

    tactile 触感,128

    theory of 感知理论,20

phalanstery 法伦斯泰尔,172,173,177

phantasmagoria 幻象,164,166,167,183,208,

210-211
    The Arcades Project 《拱廊街计划》,153-154,162-163,168,170,190
        of capitalist culture 资本主义文化,181-182,184
        and Commune 与公社,192-193
        of entertainment industry 娱乐产业,165
        of global event 全球事件,179,181
        of isolated space 孤立空间,64
        of modernity 现代性,129,163,168,170,193-194,196,197,212
        of private space 私人空间,185,
        of public space 公共空间,129,191
        of street 街道,188-189
    philosophers 哲学家,29
    photographic reproducibility 摄影的复制性,102
    photography 摄影,15,22,100,106,107-109,118,120,121,176
        art as 作为艺术,107,110
        image 形象,113,114,116,118,119,120,134
        and psychoanalysis 与精神分析,118-119
        reality 现实,109,118,134
    Plato 柏拉图,29,32
    play 游戏,93
    play-space 游戏空间,93-96,128-129,193,199,205-206
    Poe, Edgar Allan 爱伦·坡,47-48

poets 诗人,29
politics 政治,15,22,131,133-134,137,202
 commodification of 商品化,145-146
 communication 传播,41-42
 and popular culture 与大众文化,135,205-206
 praxis 实践,19
 propaganda 宣传,71,179
 spectacle 景观,135,137-138,139,141,144,145,146-147,208,210,213
polytechnical education 技术教育,55,58
popular entertainment 流行娱乐,18
populism 民粹主义,138
postmodernism 后现代主义,200,206,208-209,210-211,212
press 媒体,71
 Kraus on 卡尔·克劳斯论媒体,54
 private and public spheres 私人与公共领域,52
print media 印刷媒介,42,70
printing technology 印刷术,34,35,42,107
private space 私人空间,186-187,188,195
profane illumination 亵渎启明,128-129,153,193,194,195,196,197
proletarianization 无产阶级化,145,193
propaganda approach to art 艺术的宣传方法,131
Proust, Marcel 马塞尔·普鲁斯特,33-34
Prussian Empire 普鲁士德国,6

psychoanalysis 精神分析,118-119

public opinion 公共意见,40,42,50,51,52,53,54,60,63-64,135

public spheres 公共领域,41,61-62,199,204

 deliberative 协商的,198-199

 mediated 媒介化的,63

publishing industry 出版业,39,55

 Benjamin on 本雅明论出版业,45,62

Q

quotation 引用,80

R

radical pedagogy 激进教学法,6,8,14

radio 无线电,98

 and theatre 与剧场,86-87,88,90

radio broadcasting 无线电广播,13-14,68-69,82,83-84,87,97

 and art 与艺术,66-67

 and audiences 与听众,68,72,82

 and Benjamin 与本雅明,22,65,67,69-70,73-74,75,84

 Brecht on 布莱希特论无线电广播,69

 and children's world 与儿童的世界,78

 Hitler 希特勒,66

 literary talk 文学谈话,80

  and time 与时间, 84
 radio communication 无线电传播, 70, 72, 73, 86
 radio model 无线电模型, 74, 80-81, 82, 83-84, 88, 97
 radio plays 广播剧
  and Benjamin 与本雅明, 75-76, 79
  German 德国广播剧, 74-75
 reading 阅读, 31
 Riefenstahl, Leni 雷妮·瑞芬舒丹, 146, 150-151
 Riegl, Alois 李格尔, 103-104
 ruler 统治者, 137, 138, 145
  in parliament 议会中的统治者, 140
 Russia 俄罗斯, 92, 130

S

 Sander, August 奥古斯特·桑德尔, 109
 Schiller, Friedrich 弗里德里希·席勒, 93
 Schoen, Ernst 恩斯特·肖, 16, 66, 69, 71
 Scholem, Gershom 哥舒姆·肖勒姆, 8-9, 14-15, 16-17, 19, 66
 Second French Empire (1852-1870) 法兰西第二帝国 (1852 至 1870 年), 41
 sensation 感觉, 62
  entertainment industry 娱乐产业, 43
  popular literature 流行文学, 44
  sensory experience 感官体验, 128

serial novel 连载小说,42,45

shock experience 震惊体验,44,120,121,165,179,194

sign-value 符号价值,209

Simmel, Georg 乔治·西美尔,7,121

   and Kracauer 与克拉考尔,18

simulacra 拟象,176,208,209,210,211

single-sensory communication 单一感官传播,34

snap-shots 快照,119

social classes 社会阶级,38-39

social network sites 社交网络站点,64,115-116,148

socialism 社会主义,172

society 社会,18

   of life 生活的,37

   as totality 作为总体性,203

solitary reader 孤立读者,35

Southwest German radio (*Südwestdeutscher Rundfunk*) 西南德国广播电台,66,88

Soviet media 苏联媒体,63

Soviet Union 苏联,150

space 空间,92-93

   and human sensoorium 与人类感官,104

Speyer, Wilhelm 威廉·斯派尔,85

state 国家,135

Stone, Sasha 萨莎·斯通,10

storytelling 讲故事,22,27-29,30,32,33,40-41,73-74,75-76,84,89,98,207

bedtime 睡前讲故事,78-79

decline/end of 讲故事的衰落/终结,28,34

mediated 媒介化的讲故事,74-75,97

memory and 记忆与讲故事,33

and novel 讲故事与小说,26,28,35

orality 口头讲故事,28

useful value 讲故事(的)使用价值,28

student activist 学生活动家,5,6-8

subjectivity 主体性,34,53,104,165,178-179,186,187,188,194,197,202

subscriptions 订阅,42

Surrealism/Surrealists 超现实主义/超现实主义者,56,110,155,160,185,194-196,199

T

technological apparatus 技术设备,15,18

technological reproducibility 技术复制性,22,100,102,103,106-107,115,119-120,139,142,168,174,187,206

technological warfare 技术设备,26

technologization of human action 人类活动的技术化,120

telephone 电话,78,121

television 电视,1,66,98,207

theatre 戏剧,15,90,91

and children 戏剧与儿童,96,98

  Gesamtkunstwerk 总体艺术品,88
  responses to 对戏剧的回应,88
  and space 戏剧与空间,94
thought-image 思想形象,155
totality 总体性,17-18
  of life 生活的总体性,37
training 训练,81-82

U

urban capitalist culture 都市资产阶级文化,25
urban experience 都市经验,19,195-196
urban middle class 都市中产阶级,41
urban spaces 都市空间,22,46,77-78,121,122,168,170-171,181,189,198

V

Valéry, Paul 瓦莱里,105
visibility of power 权力的可见性,135-136,137,140,143-144,213
  and politics 与政治,139
visual arts 视觉艺术,106
visual culture 视觉文化,28
visuality 可视性,127-128
voice 声音,78-79
  for children 为了孩子们,78-79
  of narrator 叙述者的,83

W

war experience　战争经验, 133-134, 139-140
weapons of mass destruction　大规模杀伤性武器, 26
Weber, Max　马克斯·韦伯, 36-37
Weimar Republic　魏玛共和国, 67, 92, 129-130
    culture　文化, 11
    German university system　德国大学体系, 9
    intellectual　知识分子, 16, 87
    mass media　大众媒介, 67-68
    and music　与音乐, 69
    and radio　无线电广播, 68-69
    theatre　戏剧, 86
World Cup (football)　（足球）世界杯, 180
world exhibitions　世博会, 180-181, 182, 184, 188
worldview　世界观, 200
writers　作者, 47, 53
    public as　公众作为读者, 58, 61, 64
    and readers　读者与与读者, 57
writing　写作, 31
    corruption of　写作的腐化, 57
    creative　创造性写作, 105
    technologization of　写作的技术化, 55, 56-57
Wyneken, Gustav　维内肯, 6

Y
Youth Movement 青年运动,6

Z
Zucker,Wolf 楚克,80-81,83

图书在版编目(CIP)数据

本雅明论媒介/(韩)康在镐(Jaeho Kang)著;孙一洲译.--北京:中国传媒大学出版社,2019.11(2020.11重印)
(传播与中国译丛 / 黄旦,孙玮主编.媒介道说系列)
书名原文:Walter Benjamin and the Media
ISBN 978-7-5657-2608-8

Ⅰ.①本… Ⅱ.①康… ②孙… Ⅲ.①传播媒介一研究 Ⅳ.①G206.2

中国版本图书馆 CIP 数据核字(2019)第 216274 号

Copyright © Jaeho Kang 2014
ISBN-13:978-0-7456-4520-9
ISBN-13:978-0-7456-4521-6(pb)
本书英文版于 2014 年由 Polity Press 出版。
本书简体中文版专有出版权由 Polity Press 授予中国传媒大学出版社,在全球销售。未经出版者书面许可,不得以任何形式抄袭、复制或节录本书中的任何部分。
北京市版权局著作权合同登记 图字:01-2019-6145

本雅明论媒介
BENYAMING LUN MEIJIE

主　　编	黄　旦　孙　玮
著　　者	[韩]康在镐(Jaeho Kang)
译　　者	孙一洲
校　　译	郭春宁
策划编辑	张毓强
特约策划	李唯梁
责任编辑	曾白凌
特约编辑	刘　楠
封面设计	运平设计
责任印制	阳金洲

出版发行	**中国传媒大学出版社**		
社　　址	北京市朝阳区定福庄东街1号	邮编:100024	
电　　话	86-10-65450528　65450532	传真:65779405	
网　　址	http://cucp.cuc.edu.cn		
经　　销	全国新华书店		
印　　刷	北京中科印刷有限公司		
开　　本	880mm×1230mm　1/32		
印　　张	9.5		
字　　数	190 千字		
版　　次	2019 年 11 月第 1 版		
印　　次	2020 年 11 月第 3 次印刷		
书　　号	ISBN 978-7-5657-2608-8/G·2608	定　价　69.00 元	

版权所有　　翻印必究　　印装错误　　负责调换